王春圆　著
张　浩　插图

一分钟对视，
读懂孩子的心

给3到10岁孩子家庭的
33个心理练习

上海交通大学出版社
SHANGHAI JIAO TONG UNIVERSITY PRESS

内容提要

本书通过一分钟面对面识人的原创技术和亲子对视的实际咨询案例，帮助3到10岁孩子的父母们提升亲子沟通能力。

本书重点帮助家长们提升3种能力：了解孩子的性格特征；了解孩子的当前压力及来源；了解孩子的潜能优势，找到适合的教育方式。

本书分为3个部分：亲子对视的理论和技术，主要讲解一分钟面对面识人的技术，教你如何做到一分钟看眼识人；对视技术背后的理论依据，主要介绍对视的相关科学依据和来源；对视案例分析和提升亲子沟通的方法，主要挑选有代表性的家庭案例，分析如何通过对视技术，让家长和孩子增进理解和沟通，并介绍了33个心理学的自我练习工具和方法，让家长和孩子可以通过自我练习，促进家庭整体的幸福度。

本书可供心理工作者和3～10岁孩子的家长阅读参考。

图书在版编目（CIP）数据

一分钟对视，读懂孩子的心/王春圆著.—上海：
上海交通大学出版社,2023.7
　ISBN 978－7－313－24582－3

Ⅰ.①一…　Ⅱ.①王…　Ⅲ.①家庭教育－通俗读物
Ⅳ.①G78－49

中国版本图书馆 CIP 数据核字（2021）第 249187 号

一分钟对视，读懂孩子的心——给3到10岁孩子家庭的33个心理练习
YIFENZHONG DUISHI，DUDONG HAIZI DEXIN — GEI 3 DAO 10 SUI HAIZI
JIATING DE 33 GE XINLI LIANXI

著　者：王春圆　　　　　　　　　　插　图：张　浩
出版发行：上海交通大学出版社　　　　地　址：上海市番禹路 951 号
邮政编码：200030　　　　　　　　　　电　话：021-64071208
印　制：上海景条印刷有限公司　　　　经　销：全国新华书店
开　本：880mm×1230mm　1/32　　　印　张：7.625
字　数：183 千字
版　次：2023 年 7 月第 1 版　　　　　印　次：2023 年 7 月第 1 次印刷
书　号：ISBN 978－7－313－24582－3
定　价：58.80 元

序 一

在2017年,我为淼淼的第一本书《一分钟面对面识人——写给HR和猎头们的超级实用工具书》写了序言。在那时,我知道她计划围绕"一分钟对视"完成四本书。现在,她的第二本书出版了,恭喜!

In Nov. 2017, I wrote a preface for Annie's first book One Minute Eye Reading — For HRs and Job-Hunters Skill Sets. At that time, I knew she planned to publish four books on Eye Reading technic. Now, she made the second book published. Congratulations!

多年以前,在我的家乡韩国,我曾经为家庭组织了很多活动,也出版了一本关于如何成为教练式家长的书。在这本书里,我分享了一个练习方法:列出50个孩子的优点。很开心看到淼淼在她的书中采用了这个练习,分享给更多家庭。

Many years ago, in my hometown Korea, I also organized many events for families and published a book for how to be coaching style parents. In this book, I shared one practice: list 50 items for children's advantages. Glad that Annie borrowed this practice in her book and even adapted it for more families.

我还看到她在书中运用了 4P 测评的工具和 30 个强有力问题的工具去帮助更多家庭，我很欣赏她这样做。

Now I found Annie not only applied this practice, but also 4P assessment and 30 powerful questions from coaching skills. I really appreciate that.

作为一名父亲，我知道要成为一个好父亲或者好母亲有多么不容易。我也目睹了我的妻子为家庭的付出。我的女儿现在已经长大了，我知道，父亲只是我众多身份中的一个。我从我的生命中学到了如何成为一个好父亲、好老师、好学生。

As a father of a daughter, I know how hard to be a good father or mother. I also witnessed my wife's contribution to the family. As my daughter grows up, I understand, being a father is one of my identities. I learned from my life how to be a good father, a teacher, a student.

最后，我希望更多人阅读这本书，完成书中的练习。

At last, I hope more people read this book, finish the practice in this book.

祝各位好运连连。

Good luck for all of you.

郑振佑（Paul Jeong）博士
国际教练联盟（ICF）的大师级教练（MCC）
国际教练协会（IAC）的大师级教练（MMC）
北京亚细亚高智企业管理咨询有限公司创始人
（CEO of Asia Coach Center）www.gcoaching.com
2022 年 10 月 20 日

序　二

在我们的公众号粉丝中,最常见的就是焦虑而无助的父母。

"为什么孩子这么叛逆,谁说都不听?"

"为什么我和孩子根本不能好好说话? 三句话后就要吼起来……"

家长感觉到孩子的成长出现了问题,感觉到和孩子的沟通出现了问题,却不知道问题出在哪儿,也不知道如何去改善和解决,所以,家长带着这些问题找到了我们,幸运的是,我们又找到了淼淼老师。

淼淼老师的一分钟对视法很神奇,通过和对方一分钟的注视,就可以读出五层信息:当下的性格特征、情绪压力和来源、原生家庭的影响、身体病痛史,以及未来的期待或潜能。而且,一分钟对视通过视频连线也可以完成。

与常规的聊天切入相比,这种方法能更快速、准确地了解孩子和家长的信息,而且,它又能方便地与全国各地的家庭视频连线来完成,这就水到渠成地促成了淼淼老师和我们直播栏目的合作。关于直播,每个有需求、想尝试的家庭,都可以报名参加。淼淼老师先和孩子对视,再和家长来讨论该如何改进教育方法。这个栏目一直得到家长和孩子的高分认可,在平台也保持着较高的收看量和询问度。

我印象最深的一次直播是淼淼老师和一个 7 岁半的男孩对视。这次直播的对视嘉宾钱钱在 1 岁多的时候，和奶奶生活过一段时间，所以钱钱在跟妈妈分开的时候，会有分离焦虑。淼淼老师在和钱钱对视完后，提出孩子有安全感缺失的问题，但是，她马上又补充道："钱钱妈妈，你是第一次做妈妈，你没有经验，你也要从头学起。钱钱也是第一次做小孩，他没有经验，他也要学习如何做孩子。所以，钱钱妈妈也不要对自己要求太高，你也是在有了孩子之后才开始学习如何做妈妈的。所以，相互都温柔地对待对方，要给自己认可，你们已经做得很棒了。"

钱钱妈妈在听到这段话的时候就泪奔了。同样深受感动的，还有屏幕前的我们。那一刻，我深刻地感受到：当我们彼此坦诚相对，并且完全地接受自己和对方时，疗愈就开始发生了。在这样一场场亲子对视直播中，淼淼老师让家长看到了自己，读懂了孩子，也把这样的疗愈传递给了全国各地的家庭。

某个问题被解决的前提，通常都基于是否被正确地看待和认识。希望带着困惑和好奇心读完本书的你，能拥有看见的能力和被看见的幸福。

某 200 万粉丝平台新媒体主编

彭画

2022 年 11 月 10 日

序　三

　　在为淼淼的第一本书《一分钟面对面识人——写给 HR 和猎头们的超级实用工具书》画插图 3 年之后,很荣幸又接到了邀请,来为她的第二本书《一分钟对视,读懂孩子的心——给 3 到 10 岁孩子家庭的 33 个心理练习》绘制插图。因为有了之前合作的经历,二度联袂时的畅通无阻,就让人兴奋到不行。时间长,任务不重。好多同僚都羡慕我能参与如此轻松且自由的创作过程。这样的好事不是经常能遇到的,要感谢淼淼对我一如既往的信任。

　　本书把焦点对准了亲子沟通这个领域,帮助家长在当下快节奏和高压的生活状态下提升亲子沟通能力。通过学习一分钟对视,家长可以了解孩子的性格特征,了解孩子当前的压力及来源,了解孩子的潜能优势,找到适合的教育方式。在阅读和运用的过程中还可以反观自己的成长和内心。对于走上父亲这个岗位 6 年的我来说,能第一时间看到这本书,并且提前做亲子沟通这方面的功课,绝对是赚到了。

　　现在的成年人时间被碎片化,精神被奴役,生活压力大。有的家长很难做到对孩子的有效陪伴,希望淼淼的这本书能够在亲子沟通方面，给读者和更多的家庭带来帮助，这也算是淼淼为构建社会主义和谐社会所做出的贡献吧。

插画师

张浩

2022 年 10 月 28 日

作者序： 我的心路历程

这本书是写给我自己的。在这本书里,我介绍的所有心理技巧,我都亲身实践过,有些也给我的客户用过。通过这些练习,我也在疗愈我自己的伤痛,修复我与原生家庭的关系。

这本书还是写给我父母的。尤其是我的父亲,我感激他,从某种意义上说,这本书是为他而写的。

为什么这么说呢? 这是一个挺长的故事。

在我上初中的时候,有一天我妈妈对我说,他们厂的领导希望爸爸可以做他的秘书,因为爸爸是小学老师,文笔好,写得一手漂亮的毛笔字,还会拉二胡、唱歌。所以领导希望爸爸可以弃文从商。可是爸爸不喜欢商场上那种应酬,更不喜欢喝酒、抽烟、说好听话。爸爸年轻的时候做过胃切除手术,五分之四的胃都一次性切除了。妈妈说,厂长跟他谈了好几次,爸爸最后还是没去。

记得妈妈跟我说过几次,后来我也就淡忘了。

几年之后,我大学毕业工作了,内心里隐隐就有一个声音:爸爸好自私,如果当年他从商,家里一定有更好的经济条件,就可以供我出国读书了,我工作也可以去更好的单位了。

可是爸爸做了 30 年的小学老师,既没什么钱,又没什么人脉,啥也帮不上我,我做什么都要靠自己打拼。爸爸只为他自己考虑,太自私了！

这样的声音，就像一颗种子，在我心里慢慢生根发芽。

一年又一年，我逐渐长大。在这个过程中，关于工作变动、交友恋爱，我也都跟父母有不同的观点。用我爸的话说，是"越大越不听话"。

直到有一天，我跟爸爸彻底不讲话了。

有一年的大年三十晚上，大家一起吃年夜饭。我最后一个走到桌前，刚坐下来，一口饭还没吃，就听到爸爸深深地叹了一口气，放下筷子，站了起来，离开了餐桌。

我并没有抬头看一眼爸爸，更没有跟他说一句话，也没有跟妈妈怎么沟通。那天的年夜饭，我是含着眼泪吃完的。

也许，爸爸在另一个房间默默叹气吧。

这样的冷战持续了好几年。奔三的我只愿意跟妈妈沟通，跟爸爸完全无话可说。

我总是回想起，在我小时候，在我上小学之前，爸爸骑着自行车带我去钓鱼，带我去农村买土鸡，带我去地里挖红薯和花生，带我穿过一片很大的竹林，经过小桥，看路边的荷塘开满白色的荷花。我和爸爸之间有太多美好的回忆，怎么现在竟然变成无话可说了呢？

妈妈经常打电话跟我说，你爸爸总是梦到你小时候，说你小时候多听话，现在怎么这么不听话。

2014 年，我逐渐开始接触一些心灵成长的课程，包括教练技术、家庭系统排列、催眠、精油、脉轮、NLP①、禅修等。

从 2014 年到 2016 年，我有幸成为我的教练老师 Paul 博士的

---

① NLP 是神经语言程序学（neuro-linguistic programming）的英文缩写。NLP 在发展道路上不断吸取逻辑学、心理学、哲学等其他学科的观点并整合成自身的学术论点。

课程翻译(英译中)。在为老师翻译的过程中,我内心的那层硬壳被逐渐打开了。

在课堂上,老师播放了一个关于母亲千里迢迢坐飞机去看望在海外坐月子的女儿的视频。视频名称:《母亲的勇气》(完整版)(本书中提及的视频,关注微信公众号"一分钟面对面识人",点击"书中视频"即可观看)。

看过这个视频之后,很多学员都很感动,甚至默默擦眼泪。

Paul 博士在分享过视频之后,会让每个学员给自己的父母写一封信。跟谁关系更疏远,就给谁写封信。写完信之后,给他/她打电话,把信念给他/她听。如果父母一方已经过世了,就想象他/她的样子,念完这封信。

这是一个非常具有挑战性的练习。

有些学员看着笔记本,迟迟无法下笔。

有些学员写了几句话,就开始抽泣落泪。

有些学员完全放弃了这个练习,开始看手机。

有些学员很认真,写了一页又一页。

有些人写完之后,Paul 博士让同学们去教室外面打电话,或者找个地方跟过世的家人念写完的信。老师还特别强调,一定要念出声,不能在心里默念。

我拿着写了几行的短信,给爸爸打电话。

当时,我就一个想法:千万别接电话,千万别接,千万别接。

电话响了。

"喂?"

"圆,啥事啊? 我正在打麻将呢。啥事呀?"

"嗯,啊,那个。我想跟你说几句话,爸。"

"说吧,啥事啊?"

"嗯,那个,你能不能换个地方?"

"好的，等一下啊……怎么了，什么事啊？"

"嗯，我想给你念一封信。"

"嗯？"

"你听着就行了，不用说话。"（我很快速地念完了信。）

短暂的沉默后，爸爸说："爸爸妈妈都挺好的。你还好吧？"

我沉默，一直掉眼泪。因为我知道还有最重要的一句话，我还没有说。

"圆，你咋不说话了？喂？喂？"

"爸爸，我，我，那个，嗯，我爱你。"

"好了，别哭了。爸爸知道。等我回家再说吧。没别的事，我去打麻将了。人家还等着我啊。"

"爸，拜拜。"

"拜拜。"

挂了电话，我还一直哭，哭了很久。不知道过了多久，我终于哭完了。感觉整个胸口好像变成空的了，仿佛有一阵清凉的风吹进了心里。

我终于跟爸爸说"我爱你"了！这是我生平第一次跟爸爸说出这三个字。

那天跟父亲的电话，仿佛是疗愈的开始。这封信和这个电话，仿佛是一个仪式，开启了我的原生家庭的疗愈之路。在我写下这段话的时候，我的眼眶再次湿润了。每次修改稿件，看到这个部分的时候，内心依然有情绪的起伏。

此后，我又在家庭系统排列的沙龙和个案练习中，在学习催眠的过程中，在参加 NLP 的学习中，在参加格式塔的课程中，一遍遍地疗愈跟父母之间的关系。

在 2016 年 3 月帮 Paul 博士做第三次翻译的时候，我又开启了探索自我潜能的旅程。从那时候开始，我就专注于一分钟面对面识人。这是另一个有点长的故事，在我的第一本书《一分钟面对面识人——写给 HR 和猎头们的超级实用工具书》里面有详细记录。你也可以观看我的 TEDx 演讲，讲的也是这个探索自我潜能的经历。演讲共 10 分钟，可在我的微信公众号"一分钟面对面识人"中收看。

从那时候到现在，我完成了近 5000 次一分钟对视。每一次的对视，就是对他人过往人生经历的感知。每次对视，就是看到一个故事，就是看到一个家庭。我看到很多人的幸福和不幸福都跟原生家庭有关，很多都跟他们的童年有关。奥地利心理学家阿尔弗雷德·阿德勒（Alfred Adler）说过：幸福的人用童年治愈一生，不幸的人用一生治愈童年。

2019 年 5 月，我参加了一个线下的 NLP 沙龙。其中有一个环节，老师让我们每个人找一个搭档，做一对一的练习。

A 讲述小时候最快乐的一段时光，时间是 10 分钟。

B 做听众。

我做 A。

我说："我小时候最快乐的时光，就是我小学的时候，爸爸骑自行车带我去荷塘钓鱼。

在去钓鱼的路上，会看到路边农田里黄色的水牛在低头吃草，偶尔会有一只白鹭落在水牛的背上。还会听到荷塘边高高的杨树上知了此起彼伏地叫着。偶尔我的小竹竿上，还会落着蓝色翅膀的小蜻蜓。

在回家的路上，我会坐在爸爸的自行车横梁上，手扶车把，一边唱着儿歌，一边看着金色的夕阳。

回到家，就会闻到妈妈做好的饭，香喷喷的味道。还会有一顿特别的加餐，就是香煎小鱼了。"

B 打岔说："这有什么好玩的。钓鱼多无聊。"

我一愣，反问："你应该没钓过鱼吧？"

B说："跟我男朋友去过一次农家乐。他在钓鱼，我在看。无聊死了。"

我说："那你真的不知道钓鱼的乐趣。你知道吗，当我看着鱼咬钩，浮子沉下去又浮上来，什么时候提钩，用多大力，怎么控制鱼竿，都是很有技术含量的。最开心的是钓到大鱼，一下子提不起来，鱼带着钩在水里游来游去，你握着杆感受已经上钩的鱼，拖着鱼线游动的方向和力量，这时候遛鱼是最开心的了。"

B说："啊，是吗？我还是觉得很无聊。"

我笑笑说："下次你体验一下就知道了，很有趣的。但是，你怎么脸红了？"

我看到B在说"我还是觉得很无聊"的时候突然脸红了。我很好奇。但是B并没有回答我，而是让我继续说下去。

练习结束后，老师请大家分享自己的体会。

B同学迫不及待地分享。她说："我们这组的练习，我感受太深了。老师，你让我去干扰A。难度好大呀！"

"她讲小时候她爸爸带她去钓鱼的场景。黄水牛、白鹭、荷花，真的很吸引人。当我说'钓鱼多无聊啊'去干扰她的时候，A立刻说：'你怎么脸红了？'天哪，我好像一下被她看穿了。我心里真的觉得这个时刻好开心，嘴上却要说'好无聊'，我真的就脸红了。我还不能停，要继续干扰她。我真的觉得身心一致好重要。另外，我的伙伴底层的稳定性真的太强大了，童年的幸福度对一个人的稳定性影响太大了。"

听到伙伴的反馈，我愣了一下。原来B是在刻意打扰我啊！我没想到，我所描述的钓鱼时光，竟然让B同学看到了我的底层稳定性。

原来，爸爸对我的陪伴是这么宝贵的礼物。

　　曾经的我抱怨爸爸不从商，没有给我和妈妈更好的生活条件。可是后来我看到很多父母为了做生意，把孩子寄养在外婆家、奶奶家，或者其他亲戚家。孩子长大后，因为早期与父母分离带来的伤痛，影响了自己的婚姻、事业和社会沟通。我在那一天，通过和 B 同学的练习，终于放下了对爸爸的埋怨。

　　而我也发现，对爸爸的埋怨是来自内在的依赖小孩，即使到了奔四的年龄我还是不愿长大，不想承担自己的责任。我内心强烈的依赖感跟四五岁的小女孩毫无分别。当我看到内在的依赖小孩之后，我明白了，我现在已经长大了，我要做成年人，我不再是一个小女孩，我要为我自己的生活承担起责任。对爸爸妈妈能够给我的资源，我表示感谢。爸爸妈妈没办法给我的资源，我会从其他地方找寻，而不再抱怨爸妈。就这样，我放下了对爸妈的抱怨，也还给了自己自由。

　　感谢爸爸的陪伴。感谢爸爸跟妈妈的相爱。

　　这是你们送给我这一生最宝贵的礼物。

　　爸爸，妈妈，谢谢你们！

前 言

这本书,是我的第二本书。

第一本书,写的是如何通过一分钟对视,在职场中选择人才。

第二本书,写的是如何通过看孩子的眼睛,了解孩子,发现他们的潜力,寻找到适合孩子的家庭教育方式。

这本书的第一稿,是在 2020 年 3 月完成的。当时,我只花了 20 天,就完成了 7 万字的"堆砌"。也许你对那时候全国范围的新冠肺炎疫情还记忆犹新。本来短暂而热闹的新年团聚,变成了漫长的假期。有些家庭其乐融融。但我想,更多的家庭,因为家长在家办公,孩子在线学习,长期共处一室,反而把平时隐藏的矛盾冲突暴露了出来。

在这段时间,我一边准备书稿,一边做网上的亲子心理咨询,同时大量阅读亲子教育的书籍。在这个过程中,我也不断深入反思我的原生家庭关系。并且在这个难得的相聚时光,我"采访"了我的父母,进一步澄清了我记忆中的"事实"。

所以,在这本书中,我不仅总结了从 2014 年到 2022 年的 8 年中学习的心理咨询和疗愈的技巧方法,还结合我原创的"一分钟面对面识人"技巧,精选出 21 个亲子对视案例,为你分享可以自己在家操作的心理疗愈的技巧。希望你把这本书当作一个急救小药箱，在你遇到亲子关系冲突的时候，做一个快速、简单的处理。如果你还需要进一步的心理疗愈，可以寻找专业的心理咨询师，更全面深入地讨论你的议题。

祝福你，带着这个小药箱，包扎好自己的伤口，也学会对家人朋友的伤口进行急救。

祝福你，不断学习心理学，疗愈自己，传递祝福。

目　录

案例索引

练习索引

亲子测评

在正式开始阅读本书之前，我想请你做下面这两套测试题：一套家长自测，一套孩子自测。

先看给孩子的测评。

孩子做的测评

单选题：建议 5～18 岁的孩子做这个测试。选择符合你情况的描述，选择"是"或"否"。

你对父母的印象是：

1. 我对父母其中一方或者双方有所抗拒。

   是　　　　　　　　否

2. 小时候父母经常当着我的面吵架或打架。

   是　　　　　　　　否

3. 我觉得跟爸爸和妈妈相比，我更像大人，他们更像孩子。

   是　　　　　　　　否

4. 我与父母中的一方或双方心灵距离遥远，无法靠近。

   是　　　　　　　　否

5. 在家里我经常会觉得紧张,有压力,有想逃离的感觉。

   是   否

6. 同父母说话时,他们经常说很忙,不专心听我说话。

   是   否

7. 父母经常在别人面前说我的事情,让我很没面子。

   是   否

8. 父母经常监视我。

   是   否

9. 父母更疼爱家里的其他孩子。

   是   否

10. 我的爸爸妈妈并没有什么感情,他们是为了我才在一起的。

    是   否

11. 我需要照顾我的爸爸妈妈。

    是   否

12. 父母和我合不来,没有什么共同语言。

    是   否

13. 我在家里经常被骂或被打。

    是   否

14. 对于我想做的事,父母经常说"不行"或"不可以"。

    是   否

15. 父母心情不好时,我会比平常挨更多骂。

    是   否

16. 我的爸爸或妈妈并不是一个合格的爸爸或妈妈。

    是   否

17. 父母很担心我的安全,总是提醒我注意安全。

    是   否

18. 对于我的学习能力,爸妈内心感到难为情、没面子。

　　是　　　　　　　否

19. 父母中只有一个人在关心我、照顾我。

　　是　　　　　　　否

20. 我常常担心会失去我的爸爸或妈妈。

　　是　　　　　　　否

统计分数:选择"是"记 0 分,选择"否"记 1 分。把得分加总。

本测评答案,请见附录一。

家长做的测评

要有良好的亲子关系,第一步就是了解孩子,了解目前亲子关系的状况,这样才能"对症下药",始终和孩子保持良好的关系。你与孩子有多亲近呢?请坦诚回答下列问题。

1. 一天里你至少有 2 个小时同孩子在一起学习、谈话和玩耍吗?

　　A. 有,有时多,有时少。

　　B. 只有休息日。

　　C. 没有,太忙,事儿太多。

2. 能否经常原谅孩子的过错,以后再也不提吗?

　　A. 是的,总是这样做。

　　B. 那要看孩子是什么错。

　　C. 为了教育孩子,经常提起。

3. 禁止孩子做某件事,你会向他们解释清楚你的理由吗?

　　A. 是的,绝对解释清楚。

　　B. 只是简单地说"不行"。

C. 不解释，孩子应该绝对相信并服从我。

4. 你认为孩子听话吗？

    A. 是的，是这样。

    B. 一般还算听话。

    C. 很苦恼，孩子经常我行我素，不听话。

5. 家里有孩子能自由支配的空间吗？（一个房间、一个角落、一张桌子）

    A. 有，完全归孩子支配。

    B. 孩子表示没有能力让房间保持井然有序。

    C. 还没考虑过。

6. 你是否经常对孩子动手？尽管打得不重。

    A. 从来没有。

    B. 有时候会打。

    C. 经常动手，有时轻，有时重。

7. 你正忙家务时，有没有耐心听孩子讲他感兴趣的事？

    A. 会把家务先放一放，专心听孩子讲。

    B. 有时候听，有时候不听。

    C. 告诉孩子正忙，没空听他讲。

8. 你是否认为，孩子绝对应该履行自己的责任，例如在家里收拾房间、打扫卫生？

    A. 是的，孩子必须这样做。

    B. 睁一眼闭一眼。

    C. 从来不要求孩子。

9. 你是否坚持要求孩子对你讲他的任何心理活动或者隐私？

    A. 从来不。

    B. 有时问问而已。

    C. 是的，我总是这样。

10. 你会经常失去控制,严厉斥责孩子吗?

    A. 从来不。

    B. 有时控制不住自己。

    C. 经常失去控制,对孩子发脾气。

选择 A 得 5 分,B 得 3 分,C 得 1 分。请统计总分。

本测评答案,请见附录二。

第一章 一分钟亲子对视

本章介绍什么是一分钟面对面识人，什么是亲子对视，你为什么要学习亲子对视，以及如何操作。

在我的第一本书《一分钟面对面识人——写给 HR 和猎头们的超级实用工具书》里，我特别讲解了什么是一分钟对视，以及一分钟对视在职场中的运用、效果，还有企业 HR 和企业主的反馈。

这本书的主题是亲子对视，虽然与职场中的运用场景完全不同，但是采用的对视方法是完全一致的。因此，这本书会再次回顾一分钟对视的技巧。如果你想要全面了解，可以参考我第一本书的第三章。

第一节 什么是一分钟对视

如果你是 HR、猎头、团队管理人员、心理学爱好者，你可能听过一些心理学中被广泛使用的性格测评，比如 MBTI、DISC、九型人格、性格色彩、PDP 等；久远的希波克拉底对体液所做的分类——多血质、胆汁质、黏液质、抑郁质；社会上流行的其他分类，比如血型、星座、生命数字、人类图等；还有中国传统的面相、手相、周易八卦、紫微斗数、梅花易数等。中医也会通过望、闻、问、切来了解一个人的身体状况。

不论是我刚才提到还是没有提到的，在我看来，它们其实都是相通的，都是围绕着"了解自己、了解他人"这个核心需求。

一分钟对视，也是了解一个人的一种技术。

一分钟对视，也叫一分钟面对面识人。这是我在跟教练技术的专家 Paul 博士学习的时候接触了解到的一个技术。Paul 博士给它取名为"面对面中心练习"，英文是 face centering。

一分钟对视的流程很简单，有点像小朋友玩的"木头人不许动"的游戏。流程如下：

设定 1 分钟的闹铃；

双方面对面坐着，保持一臂之远；

看着对方的眼睛，不许动，不许说话，不许笑，可以眨眼睛；

一分钟到了之后，对视结束。

我在上教练技术课程的时候，就与全班 30 多个同学进行了一分钟对视。我发现，每个同学的性格、风格、眼睛形状、眼神都有差异。就是那一次集中对视练习，开启了我探索人们眼睛的道路。

后来,我去跟更多陌生人对视,在咖啡厅、快餐厅、商场、酒吧跟陌生人搭讪和对视。

当对视了 100 多人之后,我发现了一些眼睛和性格之间的对应规律,并且这些规律也通过纸质测评得到了印证。

这个纸质测评名叫"4P 测评"。我曾经在第一本书中跟大家全文分享了,在第一本书的附录中可以找到。本书再次把这个测评放在附录二。顺便说一下,4P 测评是我的教练技术老师 Paul 博士的培训资料。感谢 Paul 博士允许我在本书中再次全文发表。

就这样,我就把规律总结成了一套体系,在 2017 年做了 TEDx 演讲,2018 年出了第一本书,并做了喜马拉雅音频课"Anne 老师教你一分钟识人"(音频课中的付费部分,也有 4P 测评的电子版)。

当时,我完全是自发去做对视的大量练习,纯属个人行为。而当我读了芭芭拉·明托(Barbara Minto)写的《金字塔原理》之后,我才知道我这一套操作叫"外展推理(abduction)"。"外展推理"一词由查尔斯·桑德斯·皮尔斯(Charles Sanders Peirce)于 1890 年创造,用来描述解决问题的方法。之所以叫外展推理,是为了强调它与演绎推理、归纳推理在解决问题的思维方面的相似性。

皮尔斯认为,任何推理过程都要涉及 3 个方面:

(1) 规则(关于世界组成方式的看法)。

(2) 情况(世界上存在的已知事实)。

(3) 结果(如果把规则用于该情况,预期将发生的事情)。

演绎推理、归纳推理和外展推理这三种推理方法的区别如下:

（1）演绎推理。

规则	如果价格定得太高，销量将下降	如果 A，则 B
情况	价格定得太高	A
结果	所以销量将下降	必然 B

（2）归纳推理。

情况	提高价格	A
结果	销量下降	B
规则	销量下降的原因可能是价格太高	如果 A，很可能 B

（3）外展推理。

结果	销量下降	B
规则	销量下降通常由于价格太高	如果 A，那么 B
情况	检查价格是否太高	可能 A

这三种推理方法有区别，也有紧密的联系。推理过程的起点决定了思维的形式。

从我对视的经历来看，我先是采用了归纳法：对视了 100 人，看到眼动的"情况"。之后自己总结出一个方法，也就是有了阶段性的"结果"。再通过纸质测评、当事人反馈、培训教授他人，接受质疑，进一步验证，总结出了"规则"，并且把这个"规则"写书出版。

因此，从对视第一个人到出版第一本书，这个过程是结合现象学，通过外展推理的方法总结出的一套理论，确切地说，仍然是有待进一步验证的猜想。我也期待有眼动仪器设备的伙伴们跟我联系，进一步做研究。

在第一本关于面试招聘的书出版之后，我又开始探索亲子领域，把之前总结出的"结果"运用到 3 到 10 岁的孩子对视中。在跟 400 多个家庭对视之后，我发现的新"情况"是：这个"规则"同样适用于孩子。在这个阶段，我依然采用了外展推理法。

我的体系是通过一分钟对视，看出五层信息：

（1）当下的性格特征。

（2）情绪压力及来源。

（3）原生家庭的影响。

（4）身体病痛史。

（5）未来的期待或潜能。

关于第一点性格特征，我结合心理测评 MBTI、DISC、九型人格、PDP、性格色彩和教练技术中的 4P 测评，把人的性格大致分为四类：权力型、社交型、平和型、完美型。

每种性格的人，眼球的抖动方式完全不同，不用仪器，通过裸眼就能观测到。这也就降低了纸质测评的主观误差。

具体如何通过眼动判断性格，我会在下文进一步讲解。

关于第二点情绪压力，主要是通过匹配对方的呼吸，感知对方的情绪压力。

关于第三点原生家庭的影响，是要先感知到对方的情绪压力之后，才会逐渐出现内在景象的画面感。

关于第四点身体病痛史，需要在能稳定地做到感知对方情绪压力、看到原生家庭画面之后，更加精准的身体感知力。

关于第五点未来的期待和潜能，这个就是直达对方的潜意识，看到他/她的创伤或者蕴藏的无限潜能。

而对于亲子对视，主要关注第一层性格、第二层情绪压力和第五层未来潜能。

第二节　对视是看到孩子的精神胚胎

作为家长，我相信你一定从孩子出生的那一刻起就希望孩子是健康的。随着孩子逐渐成长，你的期待可能就不仅仅是孩子健

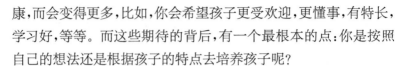

康，而会变得更多，比如，你会希望孩子更受欢迎，更懂事，有特长，学习好，等等。而这些期待的背后，有一个最根本的点：你是按照自己的想法还是根据孩子的特点去培养孩子呢？

网络上曾经有一句话很流行：不会飞的父母，都希望生个蛋，孵出会飞的鸟。

我相信，如果家长是让孩子变成一个工具，去满足自己没有实现的目标，那么这个家庭一定存在巨大的伤害和痛苦。

也许，有些家长会说：小孩子那么小，懂什么？性格长大了会变的。

甚至有些10多岁的孩子，自己也会说，以后自己的性格一定会变得更好。

这种观点，是把孩子当成一个静态的物体，把孩子的小时候和成人之后割裂开，而没有把孩子当作一个成长的、有过去、有现在、有未来的整体。

而孩子从小到大，看似性格有巨大变化的表象背后却存在着一条因果主线。

孙瑞雪，中国知名的儿童心理专家，曾经提出一个名词——"精神胚胎"。意思是，当一个孩子很小，可能几个月大的时候，他就已经展现出他/她作为个体的独特性。这个独特性，就是这个孩子的精神胚胎。

我非常认同孙瑞雪老师的观点。而且，我在实际的对视中，也一次次印证了精神胚胎的存在。

有一次，我在上海的徐家汇社区活动站跟一位妈妈沟通。我本来是要跟这个妈妈对视一分钟。结果这个妈妈请求我跟她3个月大的女儿也做一次对视。对我而言，我从来没有跟这么小的孩子对视过，我也不确定能否看出什么结果。带着好奇心，我跟这个小女婴对视。她妈妈把她抱在怀里，小女婴穿着纸尿裤，背靠着妈妈，很认真、很专注地看着我，一直保持了1分钟不动。

我被这个孩子的眼睛深深吸引了。不仅是那一份清澈的眼神，我还看到了这个小女婴的眼球是完美型的，也就是幅度 40 左右的抖动模式。这个发现让我特别惊讶，原来这么小的孩子已经有性格展现了。

对视结束后，我就问她的妈妈，你家女儿是不是对细节要求特别高？比如，纸尿裤松一点或者紧一点就不开心了？

她妈妈一听，连连点头说：是的是的，她就是这样的，稍微有一点点变化，她就蹬腿哼唧。

从那次之后，到后来集中在幼儿园看小朋友们，我逐渐印证了我的论断：每个孩子从一出生，就有精神胚胎了；而这个精神胚胎，可以通过与孩子对视的方式进行判断。

这个发现，让我非常开心。

原因一，小朋友不像成人那样可以做纸质的性格测评；

原因二，小朋友可能还不会用文字语言表达自己的想法和感受；

原因三，小朋友可能因为家长的严厉要求把真实的想法修饰之后再表达。

所以，有了与小朋友对视就可以了解他们性格的这个方法，就可以帮助家长们了解孩子的精神胚胎了。这真的会大大减少误解！

因此，如果你能学会通过看眼睛了解自己孩子的性格，了解孩子的精神胚胎，是不是就有更人的可能性按照孩子的天性去培养教育他们呢？

第三节 我是如何开始亲子对视的

最初，在我积累对视数量和案例的时候，我都是跟成年人对视，其中大部分都是陌生人，年龄以 20～40 岁居多。后来，有一个朋友，她儿子在幼儿园上中班，于是她邀请我去这个幼儿园，跟小朋友们对视，收集写作素材。

那是在 2016 年年底。

那天，我跟幼儿园中班的 10 多个孩子，年龄 5～6 岁的男孩、女孩们都对视了。还跟幼儿园中班的老师和其中一位家长也对视了。

这次对视结束之后，周围炸开了锅，家长们纷纷报名要来跟我对视。

也因为是免费的，所以，每个周末，家长们会带着小朋友排队跟我对视。每个人大约 5 分钟，每个家庭大约 20 分钟。这样的对视持续了好几个周末，每次集中对视 20 多人。

之后，我还去上海的开放式公园，跟那里的家长和孩子们对视，积累案例。

再后来，我被一些幼儿培训机构或儿童品牌方邀请去做分享，在现场展示亲子对视，也在现场教小朋友们如何迅速判断父母的性格，通常只要 30 分钟，小朋友们就可以学会一分钟对视看性格。

2019 年，某平台邀请我在每周二晚上进行亲子对视直播，跟孩子对视，并反馈给家长该如何改进教育方法。直播效果也得到了家长们的认可，一直维持着比较高的收看量。

就这样，从 2016 年到 2022 年，我已经跟超过 400 多个家庭进行了亲子对视。这些对视的积累也就是我写这本书的重要素材。

在这个过程中有很多家长希望跟我学习对视。因此，我也希望通过这本书，将这个方法分享给更多家长，让家长能够了解孩子，更好地与孩子沟通，获得更融洽的亲子关系。

如果你看过我的第一本书，了解我如何写下 100 个梦想和100 个行动计划，你就知道我非常确定我的目标：

出版一分钟对视系列的四本书，针对四个场景：面试招聘、亲子教育、婚恋相亲和销售服务。

我相信一句话：当你确定了方向，世界都会为你让路。

第四节 亲子对视的使用场景

什么时候适合做亲子对视呢？

在技术操作上有几个注意点。

1. 什么年龄的孩子可以做亲子对视？

5 岁以上最好。如果 3 岁以上，能保持 1 分钟坐着不动，也可以。如果孩子很小，比如小于 3 岁，很难保持 1 分钟坐着不动，就不适合做对视。但是，有些孩子即使年龄小，家长抱在怀里，可以保持 1 分钟不动，也是完全可以进行 1 分钟对视的。我曾经对视过的最小的小朋友，就是前面说的 3 个月大的小女婴。

2. 什么场地适合亲子对视？

关于光线：光线明亮，能够看清眼球抖动的细微变化。左右两边脸的光线要基本一致，不能一边脸亮一边脸暗。

关于声音：空间安静，不被打扰。喧闹的街道、商场、餐厅、咖啡厅、游乐园，就不适合对视。

关于座位：跟孩子保持面对面，肩对肩，膝对膝。不要并排坐，不要转头看对方，座位之间也不要有角度。除了跟孩子面对面之外，视线要保持水平，不要让孩子仰头看着父母。最后，孩

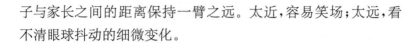

子与家长之间的距离保持一臂之远。太近，容易笑场；太远，看不清眼球抖动的细微变化。

3. 哪些家庭需要亲子对视？

当你觉得跟孩子沟通遇到阻碍，无法理解他/她行为背后的意图时，就非常适合进行一分钟对视。当然，前提是孩子愿意与你对视。

当你跟孩子沟通顺畅时，如果想了解孩子的天赋，也可以进行亲子对视。

亲子对视不是一次性的，可以多次进行，比如每月一次，或者每半年一次。而你也可以通过不同时间和不同场景下的对视，了解孩子内心的变化。

亲子对视，可以在家中进行，可以在户外进行，也可以在外出旅行时进行。更换场景，孩子的状态不一样了，也许你会有新发现。

第五节　关于孩子的性格分类

要想学习一分钟对视看出孩子的性格，你需要先了解都有哪些性格分类，以及什么是 4P 性格测评。

4P 是四个英文单词的首字母。分别是：

• Power——权力型。
• Popular——社交型。
• Peace——平和型。
• Perfect——完美型。

而这四种性格,对于 3 到 10 岁的孩子来讲,可能难以理解,所以我就借用 PDP 性格分类中的动物,给 4P 性格起了一个别名。

- Power——权力型,也叫老虎型。
- Popular——社交型,也叫孔雀型。
- Peace——平和型,也叫考拉型。
- Perfect——完美型,也叫猫头鹰型。

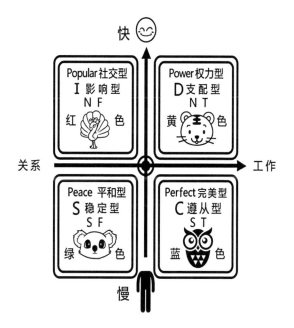

上面的图中,还对比了 DISC、MBTI、红黄蓝绿性格色彩。感兴趣的话,你可以搜索相关内容。

我曾经在对视之后,问这些小朋友,觉得自己更像哪个动物。他们就会去选择。我会紧接着问为什么选这个动物,他们有些会说不知道,有些会给出原因。而当他们给出原因的时候,就能更进一步了解孩子们的想法了。

老虎型孩子的关键词是价值。

他们的天赋优势是有影响力和领导力。

他们的缺点是爱争第一，对失败不接纳。

孔雀型孩子的关键词是欣赏。

他们的天赋优势是爱出风头和口头表达能力强。

他们的缺点是三分钟热度，不太信守承诺。

考拉型孩子的关键词是安全感。

他们的天赋优势是有同理心和感知他人情感的能力。

他们的缺点是优柔寡断，不能真实地表达自己，过于付出。

猫头鹰型孩子的关键词是责任感。

他们的天赋优势是逻辑思维能力和数据分析能力。

他们的缺点是就事论事，不懂得变通。

权力型的宝宝：

像个大人，同时会有点暴脾气。为了达到自己的目的，会用各种办法软磨硬泡、撒泼耍赖。核心就是实现自己的目标。

社交型的宝宝：

喜欢美美的、漂亮的物品，也喜欢主动接近其他小朋友，特别喜欢别人夸他/她。

平和型的宝宝：

比较安静，对别人的情绪特别敏感，知道别人是高兴还是不高兴，同理心非常强。

完美型的宝宝：

比较安静，但是这类宝宝对科技类的玩具、书籍特别感兴趣，而且知识面很广。

一分钟面对面识人

四种性格

社交型
优点：自来熟，兴趣广泛
缺点：三分钟热度
关键词：欣赏

权力型
优点：目标导向，关注未来
缺点：急性子，不注意细节
关键词：价值

平和型
优点：同理心，体贴入微
缺点：思前想后，委屈自己
关键词：安全感

完美型
优点：逻辑分析，有理有据
缺点：过于理性，对人要求高
关键词：责任

以上这些是高度的总结和概括，不是说你家的孩子一定就会有这样的优点或者缺点。并且性格分类也只是一个大方向的分类，仅供参考。

而这本书的目的有两个：一是教你最基本的看眼球了解性格的技术，另一个是跟你分享 33 个家庭教育的心理练习。

本书的附录中有 4P 测评。请你自己先做一下。如果你的孩子已经上小学，并且理解能力也比较强，可以让他/她一起做。看看他/她会怎么选择。在进行一分钟对视的时候，也可以做一个参考。

你要相信，孩子的学习能力是非常强的。我曾经给 3～10 岁的孩子做过分享，30 分钟之后，他们都知道如何通过看眼球了解一个人的性格了。

第六节　家长如何学会看出孩子的 3 层信息

这一节是重点，可以反复看几遍，同时跟你的孩子、家人去练习一下一分钟对视，也许你就可以领会我要表达的意思了。你不去品尝这个"美味的蛋糕"，我再怎么描述，你也没办法想象我说的甜是什么滋味，我说的香是什么感受。所以，请你读过这部分之后，一定要练习。

亲子对视主要关注 3 层信息：第一层性格特征、第二层情绪压力和第五层未来潜能。这一节，我来讲解如何看出这 3 层信息。即使你从未做过对视，也没有关系，跟家人练习几次，就会发现原来并不难。

1. 家长如何看出孩子的性格？

眼睛跟性格之间是有直接对应关系的。只要你掌握了对应关系，就像掌握了一个公式，来一个数据你就可以直接套用出结果。

问题一　看眼睛看哪里？

回答：我们看到的眼球表面可以分成 3 个部分：瞳孔、虹膜和眼白。

瞳孔，就是眼睛最里圈的地方。这个瞳孔是我们接受外部光线的接收器。

虹膜在瞳孔的外围。虹膜的颜色和纹理因人而异。比如，中国人的虹膜通常是深棕色和黑色。而外国人的虹膜有绿色、蓝色、黄色等。虹膜的作用是调节瞳孔的大小，改变接受外部光线的多少。就像照相机调焦的光圈,可以放大和缩小,瞳孔也会一会儿变大一会儿变小。

对视时看眼睛的哪一部分呢?

看虹膜和眼白的边缘。也就是戴隐形眼镜或者美瞳的时候,镜片的外缘。

问题二) 这个边缘跟性格有什么关系?

回答:这个边缘会出现抖动。而不同的抖动方式,对应不同的性格。

问题三) 具体是什么抖动方式?

回答:谈到抖动,就要提到一个医学术语"眼跳"。看到这里,有些小伙伴可能会问:你说的是眼动仪吗?

眼动仪最早用在医学领域,是辅助渐冻人表达思想的。后来眼动仪逐渐运用到民用和商用领域,比如测试人眼扫视一张图片过程中聚焦的点位,停留的时间长度,扫描之后回顾的聚焦点位。这些信息,都通过眼动仪获取,再通过数据分析,就可以知道这个测试者看某个地方的次数和停留时间,也就可以推算出他/她对哪个地方更感兴趣。

简单地讲,眼动仪观测的眼跳,是观察移动的焦点,记录眼球的位置变化和运动轨迹。

而一分钟对视中观测的眼跳,是注视时出现的眼跳。专业术语叫微眼跳,英文是 microsaccade。

问题四) 具体如何观察微眼跳呢?

回答:亲子对视中,观察的是孩子注视一点时不自主的眼球运动。尤其是观察眼球运动中水平方向的微眼跳。其他方式的眼跳,可以不用考虑。

如果画一个坐标轴,以瞳孔中央,也就是通常说的黑眼仁的中心点为 0,内眼角和外眼角通过这个中心点连成一条线,在这条线上的水平方向振幅就对应着不同的性格。

特别要注意,家长要观察的是振幅,而不是振频。也就是说,观察的是虹膜边缘移动的距离,而不是移动的速度。

问题五　微眼跳的振幅与性格的对应关系是什么?

在内外眼角和瞳孔中心点连成的直线上,中心点为 0,左右内外眼角分别对应正负 100。

内眼角		外眼角
●—————	●—————	●
-100	0	+100

- 老虎型(权力型)对应刻度 0,完全不抖动;
- 孔雀型(社交型)对应刻度 ±100,抖动幅度最大;
- 考拉型(平和型)对应刻度 ±20,抖动幅度比较小;
- 猫头鹰型(完美型)对应刻度 ±40,抖动幅度稍微大些。

总结一下,关于如何看出性格,就是通过看孩子眼球定焦时的微眼跳,并分析水平方向微眼跳的振幅类型(分别是 0/20/40/100),对应到老虎型、考拉型、猫头鹰型和孔雀型四种性格。

如果你对这部分还希望了解更多,可以看我的第一本书《一分钟面对面识人——写给 HR 和猎头们的超级实用工具书》,或者搜索更多与微眼跳相关的文章。

问题六　看几个人能学会？

回答：建议你不要只看一个。看一个人，你没有参照物，就根本分不清抖动 20 跟抖动 40 的区别。很可能你会把抖动 100 的当成抖动 40 的。所以，我建议你至少先去看你的家人、朋友、同事，之后再去看你的孩子。同一个人，在很短的时间段之内，看两遍，性格是不会有巨大变化的。

因此，我建议真正想学习对视的朋友，至少要与 30 个不同的人对视，才会对性格与眼动的关系有基本的体会。看 30 个人也只是有初步的感觉，并不算入门。看到 100 个人，才算真正入门。

问题七　我可以通过手机视频练习对视吗？

回答：也许有人会问，我希望跟外地的朋友一起练习对视，通过视频可以吗？作为初学者，建议不要通过手机视频去练习对视。你还是一个初学者，手机因为信号问题、手持抖动问题，都会对坐标尺的精准程度造成影响。我已经研究一分钟对视 5 年了，看了差不多 5 000 人，我可以通过手机视频与人对视。但你还在初学阶段，面对面的感知是重要的基础。

问题八　我可以看着镜子里的自己吗？

回答：不建议。你的眼球细微的抖动，很难通过看镜子观察出来。因为，你抖动了，镜子中你的眼球也同时抖动了。你根本看不出有任何变化。所以只能得出一个错误的结论：我的眼睛没有抖动。所以，不要看镜子中的自己。

问题九　我可以录下自己的眼睛抖动视频，然后观察吗？

回答：这样的方式是可以的。但一定要看着镜头录像。比如，你看着手机的前置镜头或手机背面的镜头录像是可以的。但是不要眼睛看着手机屏幕录像，因为这样，你的视线与镜头不在一个水平面，是有角度的。你在回放视频的时候，没办法跟录像中的视线保持在同一个水平线上。这就会影响观察的结果。微眼跳是非常微小的眼球抖动，差一点点，都会有偏差。

2. 家长如何看出孩子当下的情绪压力？

这个对于家长本人的内在状态要求比较高。如果家长目前自己有压力大、焦虑、内疚、恐惧等情绪，就无法做到如实看清孩子的情绪。就好比看一堵白色的墙，但是你戴了一副红色镜片的眼镜，你看到的白墙就会变成粉红色。

因此，我建议有这些情绪的家长们先学习清理内在的情绪。当你们有很多负面情绪时，你的孩子一定会复制你的情绪，甚至还会更加严重。情绪清理的练习，可以参考书中的 33 个练习。关于情绪的一些理论，还可以参考本书第二章的相关内容。

如果你的状态比较平稳，情绪也相对积极乐观，那我非常建议你去感受孩子的情绪。

具体怎么做呢？

答案非常简单，只有四个字：匹配呼吸。

问题一 什么是匹配呼吸？

回答：当你的呼吸与对方同步时，就是匹配呼吸。也就是呼吸的频率相同，呼吸的深浅度相同。有些人是腹式呼吸，你就要跟对方一样也用腹式呼吸。有些人是胸式呼吸，你也要调整到跟对方一样的胸式呼吸。一句话，匹配呼吸就是对方怎么呼吸，你就怎么呼吸。

问题二 呼吸相同就能感受到对方的情绪和压力了吗？

回答：你见过这样的情景吗？同样大小的玻璃杯里，装着不同体积的水，敲击杯子会发出不同的音阶，甚至都可以奏出一首曲子。

人的身体是一种容器，装着各种细胞。每个细胞有它们的振动频率，每个器官也有不同的振频。所有的细胞、器官奏响了一首生命交响曲。

人体也是能量体，也是一种波的振动呈现。在初中的物理课上，有个概念叫同频共振。在解释这个概念的时候运用了两个音叉。当一个音叉振动的时候，旁边放一个同样的静止中的音叉，这个音叉很快会和前一个音叉一样，发出同样的振动。

同频共振

当你把呼吸频率调整到跟对方一致的时候，就是把自己变成跟对方一样振动频率的音叉。这个时候，对方"音叉"发出的"声音"就会"传播"给你这个"音叉"。对方音叉是哪个声音频率，你这个音叉也会共振出同样的声音频率。而当你的身体足够敏锐，并且头脑可以理解身体感受代表的含义时，你就可以了解对方的"内心之歌"，理解他/她此刻的情绪、压力和压力的来源。

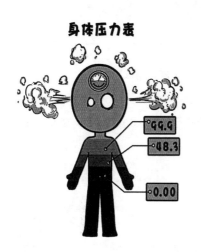

身体压力表

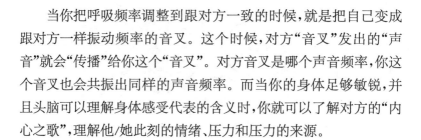

问题三 我怎么知道孩子的压力大不大呢？

回答：人体是一个容器，也是一个压力表。从肚脐到喉咙，就像一个绿、黄、红三色指示灯。当你身体感受在肚脐周围，也就是绿色区域时，说明压力低；当感受在胸部周围，也就是黄色区域时，说明压力可控；当感受在胸部上方到喉咙的区间，也就是红色区域时，说明压力马上要爆表了。

问题四 我怎么知道孩子内在有什么情绪呢？

回答：眼神是有含义的。眼神是可以流露情绪的。

中国古代思想家荀子将情绪划分为好、恶、喜、怒、哀、乐六类，倡导"六情说"。《礼记》将情绪分为喜、怒、哀、惧、爱、恶、欲七类，即"七情说"，其中喜、怒、哀、乐是各种分类中最基本的情绪形式。其他国家的心理学家也有多种情绪的分类。但是基本的喜、怒、哀、乐这四种基本情绪，是跨越年龄、文化、宗教、学识的，为人类共通的情绪。

问题五 我词汇量有限,怎么找到适当的情绪词语?

回答:关于情绪的词汇,可以参考附录三的普拉奇克情绪轮(Plutchik's wheel of emotions)。需要提醒你注意的是,对于文字的理解,每个人是不同的。比如,有人说"还行吧",可能是不错的意思,也可能是不怎么样的意思。因此,关于用什么词语描述一个人的情绪,是一个比较大的话题,这里就不做展开了。

3. 家长如何看出孩子的潜能?

每个孩子都有一个核心期待。用亲子教育专家孙瑞雪老师的话来说,每个孩子都有精神胚胎。这个胚胎就像一颗种子,在合适的条件下就会成长。

而我通过对视的大量数据发现，不论孩子还是成年人，都有一个核心的内心期待。

我经常在课程分享的时候做这样的类比：一个在高速公路上驾驶车辆的司机，如果他/她知道自己的目的地，他/她会根据路标指示，知道接下来要直行、转向，还是下高速公路。当一个人有了决定时，通常是因为在潜意识中有一颗种子在不断长大，长到了意识区。而长到意识区被看到的"树干部分"就是一个人的"决定"。这个决定，被他/她本人知晓、理解、执行。因此，有清晰的目标和决定后，就在行为上更容易做取舍和判断。

当你去看孩子的眼睛时，自己要保持平静，就好比透过平静的湖面，不仅能够看到自己的倒影，还能看到湖水中的鱼、水草，湖底的砂石和泥土。

但是，如果你自己有很多想法和情绪，无法真的安静下来，去全然接受孩子的眼睛透露出来的信息，你就会视而不见了。

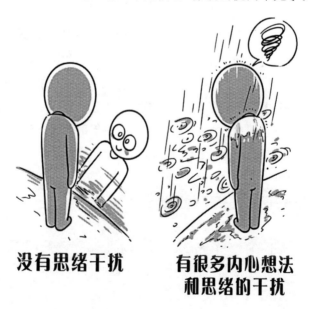

没有思绪干扰　　有很多内心想法和思绪的干扰

这并不是特异功能,这就是用极度安静的"内心之镜"映射出对方的真实存在,用英文讲就是一个人 being(存在)的状态。

要如何看出孩子的潜能?静。

怎么静?静不下来啊!有好多想法啊!

你只需要静一分钟,在对视的这个时间段静下来。继续往后阅读,我会跟你分享我安静下来的方法。

在这里,我再分享一段我对禅宗名句"云在青天水在瓶"的理解。

这句话出自李翱的《赠药山高僧惟俨(其一)》一诗。

> 练得身形似鹤形,
>
> 千株松下两函经。
>
> 我来问道无余说,
>
> 云在青天水在瓶。

这首诗也是有典故的。

《宋高僧传》卷十七记载:"(翱)初见俨,执经卷不顾,侍者白曰:'太守在此。'翱性褊急,乃倡言曰:'见面不似闻名。'俨乃呼,翱应唯。曰:'太守何贵耳贱目?'翱拱手谢之,问曰:'何谓道邪?'俨指天指净瓶曰:'云在青天水在瓶。'翱于时暗室已明,疑冰顿泮。"

漫画家蔡志忠把这个典故画了下来。因为版权的问题,我无法在这里插入蔡志忠先生的漫画作品。你如果感兴趣,可以上网搜索。搜索的关键词是"蔡志忠+云在青天"。

对于这句"云在青天水在瓶",有很多解释。

有人说,这个说明云和水都是一样的水分子,各自安好,不必羡慕对方。

还有人说,这个说明虽然云和水都是由水分子组成的,境界高低的差别还是非常悬殊的。境界高的在天上,境界低的在地上。

我的理解是,当瓶中的水足够平静时,仿佛一面镜子,可以映衬出青天，也可以映衬出白云。这样，瓶中的水就跟云在一起了。天上有水，瓶中有云。

而对于咱们的一分钟亲子对视，这句话有什么用呢？

每个孩子都是瓶中的水，而家庭环境就是这个瓶子。瓶子可能有大小、材质、造型、做工的区别，可是不论这个瓶子如何，只有足够平静，瓶中水才能映衬出青天的云。平静，就是给孩子提供安全感，培养孩子的自尊、自信，培养孩子的品格和探索自我的勇气。

而天上的云，就像孩子的潜能。当瓶子足够包容、敞开，能容纳更多水并且保持平静，那么瓶中的水越多，平静的水面就能映出越多天上的云朵。就像在包容的家庭氛围中，孩子更能发挥出自己的潜能。

另外，我在前文也讲过了，如果你站在湖边，透过平静的湖面可以看到湖面之下的很多东西，当然前提是水质清澈。当你自己够平静，可以看清楚自己的内在潜能时，你也能映衬出天上的云、飞过的鸟。

而我为何可以通过一分钟对视看到这么多陌生人的潜能呢？就是平静的结果。

第二章　33个练习背后的理论依据

在跟这么多家庭和孩子对视过一分钟之后,我发现很多家庭的亲子沟通,都有两个大毒瘤:一个是讲道理;另一个是暴力应对。

家长们已经不会跟孩子们玩耍了,更不懂得如何去倾听孩子。所以,在这一章中,我会先介绍33个练习背后的理论依据,让你在平时操作的时候,从科学的角度,带着成功运用这些练习的家长们的体会,提升你的亲子沟通能力。

第一节　脑神经科学告诉你,不能只讲大道理

很多父母在孩子犯错误后跟孩子沟通时,总是喜欢立即和孩子讲大道理,使用"你应该""你这样才对"的讲话模式。这是完全无效的。不是家长的道理不对,也不是讲道理不好,而是讲道理的时机错误,讲道理的方式错误。

那为何孩子犯了错误的时候不能立刻讲道理呢?

这里,你就需要更多地了解脑神经科学。

孩子们从出生开始,就有着惊人的学习能力。同时,他们的大

脑也在时时刻刻接受大量信息。

孩子的大脑脑干：是自我保护的中心，承担着协调反应、心率、呼吸以及其他基本生理机能的工作。当脑干没有探测到任何危险的时候，身体会接收到信号"一切正常"。

孩子大脑中的边缘系统：负责神经系统中的社交和情感中枢，也就是负责感知身边人的情绪。边缘系统仿佛雷达一样，可以通过对方的非语言信号，判断这个人是否了解我，喜欢我，关心我，对我有敌意。这样的非语言信号包括：眼神、面部表情、语音语调、肢体动作、身体接触等。

孩子大脑中的前额叶皮层：是理性、冲动控制、短期记忆、判断和注意力管理的神经系统部位。

这三个部分的工作顺序是，从脑干开始，再到边缘系统，最后抵达前额叶皮层。

比如，孩子的脑干说：这里没有生命危险。

边缘系统进行雷达扫描并说：这里有人陪伴我、照顾我，有人爱我。

最后前额叶皮层才开始工作并说：我现在可以开始学习了，我可以思考了，我可以专心做作业了。

所以，当你发现孩子犯错误的时候，孩子的脑干会说：完了，我现在有危险。

紧接着孩子的边缘系统的雷达发现，对面的这个人，声音变成了高八度，表情凶巴巴的，皱着眉头，还瞪着眼睛看我。孩子的边缘系统就会说：这个人不喜欢我，这个人对我有敌意。

当脑干和边缘系统都发出这样的警报声时，孩子的前额叶是不能进入工作状态的，比如，无法思考，无法记忆，无法推理。所以，这个时候，家长讲任何大道理，孩子的大脑前额叶都处于停工状态[①]。

那家长们在这个时候应该怎么办呢?

很简单的一句话:先处理情绪,再处理事情。

如何先处理情绪呢?

如果家长本身就有很大的情绪,家长需要先处理自己的情绪。当家长的情绪平稳了,才可以处理孩子的情绪,再帮助孩子解决他们的问题。

家长处理自己情绪的小练习,可以参考如下:

(1) 按下暂停键。

(2) 5-4-5 呼吸法。

(3) 行禅 30 分钟。

(4) 听冥想的音频:比如《黄庭禅坐》。

其中第一步"按下暂停键"是最关键的一步。暂停,就是向孩子说明自己有情绪,不适合谈话,让自己离开孩子一会儿。比如去自己的房间,或者出门走一走。

"5-4-5 呼吸法"和"行禅",我会在第三章重点讲解。

在家长调整好自己的情绪,感觉可以跟孩子沟通时,可以用下面的三个字帮助沟通。

(1) 看。

(2) 跟。

(3) 慢。

看,就是看着孩子的眼睛。可以尝试蹲下来,或者坐在孩子身边,与孩子的视线平行。

跟,就是跟着孩子的呼吸频率,跟着孩子说话的节奏,适当地

---

① 这部分内容,请参考书籍《倾听孩子——家庭中的心理调适》(第 3 版),帕蒂·惠芙乐(Patty Wipfler),北京大学出版社,2016 年 3 月出版。

点点头。还有一点最重要，就是用孩子的词汇跟他们说话。

慢，就是语速放慢。

你看到了吗？看、跟、慢，都是为了调节孩子的边缘系统的雷达信号。让孩子觉得：哦，这个人好像对我挺温和的，没有刚才那么凶的表情了；哦，这个人还温柔地摸了摸我的头，抚摸了我的背，挺舒服的；这个人应该还是关心我的，这个人应该还是爱我的。

当孩子的边缘系统给出了这样的信号时，孩子的前额叶皮层就开始工作了。孩子就会慢慢敞开心扉，跟你倾诉，跟你表达情绪，跟你诉说需求。

遇到发脾气、愤怒的孩子，或者朝着你大吼大叫的孩子，他们是在用这样的方式向家长表达信息："我陷在情绪里了，我无法思考了。我不知道该怎么办。我只能这样。"（见《倾听孩子——家庭中的心理调适》（第3版），帕蒂·惠芙乐著，北京大学出版社，2016年，第335页。）你要时刻记住一句话：每一个哭喊的孩子，都是在表达"请你爱我""请你理解我""请你支持我"。

孩子越觉得在你身边安全，越会向你展现他们所有的情绪。

当然，父母作为成年人，也需要发泄出自己的愤怒等负面情绪，但不是在孩子面前，而是在其他成年人的陪伴下。

本节关键词总结：

脑干，边缘系统，前额叶皮层，看、跟、慢，先处理情绪再处理事情。

有的时候，家长跟孩子一起做游戏，带着一些幽默感跟孩子交流，效果要比讲道理更有效，因为儿童自我表达和学习的主要途径是游戏。这里，我再给你举一个例子。

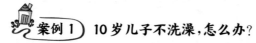 **案例1** **10岁儿子不洗澡，怎么办？**

曾经有一个家长跟我诉苦，晚上10岁的儿子不想洗澡。爸爸

说了一句气话，对儿子说：你就是我们家的王，谁都要听你的，你不洗澡，谁都拿你没办法。

儿子很沮丧地跟妈妈说：爸爸讽刺他是家里的王。

这个妈妈的应对方式是讲道理。妈妈说：孩子，你要听爸爸的话，你今天真的要洗澡了。

如果我是这位妈妈，我会领着儿子去找爸爸，开玩笑地说：谁说儿子是家里的王？我才是家里的王，好吗？你们爷俩都要听我的。

这个妈妈听了之后，立刻说：淼淼老师，我要是像你这么幽默就好了！

《倾听孩子》这本书里，讲了很多跟孩子玩耍的方法，比如枕头大战（用枕头当武器打对方）、咬耳朵（拥抱孩子的同时，去轻轻咬他们的耳朵，同时假装笨拙地咬不到）、100 个吻（追着孩子，假装要给他们 100 个吻，但总是假装被绊倒，追不上也亲不到），还讲了跟孩子们玩耍时的各种注意事项。

更重要的是，作者还讲述了游戏背后的原理。

在书中关于"陪伴式倾听"的部分，作者讲了很多细节：如何在倾听的时候照顾好家长自己的情绪；如何注意自己的表情、眼神、语音语调等非语言信息；如何跟孩子保持身体接触；如何抚摸；如何通过让孩子大哭、大笑、发抖、出汗等方式宣泄情绪的风暴，等待孩子平静下来后，再进行沟通。

案例 2　女儿 12 岁了，不跟我沟通，怎么办？

在咨询之前，助理小伙伴说这个孩子是其他咨询师不愿意接手的。孩子妈妈的问题是：女儿除了吃饭、上厕所走出房间外，其他任何时候都在自己的房间里，不跟家人进行任何沟通。

孩子妈妈、团队助理，还有我，都不确定能否走进女孩的心，所以我只能试试看。

我跟孩子先是通过眼神的沟通，观察她的微表情，结果发现她很有领导才华。

但是女孩说她不觉得自己有领导力。

我立刻运用"陪伴式倾听"的方式跟她对话。

你为什么认为自己没有领导力？

——因为他们都听不懂我说话？

谁听不懂？有几个人说听不懂？

——去年夏令营的时候，我们组的组员说听不懂。

所以，你当时是组长吗？具体几个人说听不懂？

——我是组长。有两个年龄小的组员听不懂。

那有几个能完全听懂你的话？

——有两个是特别支持我的，在那两个说"听不懂"的时候，站出来为我说话。

你们组一共有几个人？

——7~8个人。

那其他人呢，听得懂吗？

——我没有问，我不太愿意解释。

问到这里，我知道了很多细节。

之后，我就换了一个方向问。

如果困扰你的这个问题，也就是别人听不懂你说的话的问题解决了，你会是什么样子呢？

——我应该是20多岁，已经上班工作的年纪了。

那假如那个时候你已经上班了，并且大家都能听懂你的话，你会做什么？

——也不用大家都能听懂，大部分人听得懂就可以了。

大部分人听得懂，如果是10个人，多少人听得懂叫大部分人听得懂?

——6～7个人听懂就可以了。

现在有多少人听得懂你的话?

——4～5个。

所以说再增加1～2个人听得懂你的话就可以了,是吗?

——嗯。

当10个人中有6～7个人都懂你的意思,你接下来会做什么?

——我会升职加薪,并且带着大家一起实现目标。

当女孩子说到这里的时候,她微笑了。

我对她说:如果你没有领导力,你是不会说出不仅自己升职加薪,还要带着大家一起实现目标的。因此,你是一个很有领导潜力的女孩子。目前阻碍你发挥领导力的困难就是如何增加1～2个人听懂你的话。并且,我在跟你沟通的这1个小时的过程中,我完全能理解你的意思。

小女孩很认真地听我说完,看着我说:"谢谢你,老师。"

我得到了女孩子的高度认可,满分5分,她给我的咨询打了4.8分。

正是结合一分钟对视的方法,我看到了她的潜能是领导力。同时也结合我6年来的心理学积累,渐渐能做到"陪伴式聆听",才有了这样的评分,有了孩子的认可。

因此,特别向你推荐《倾听孩子》这本书。书里面还有很多成功的案例,一定也会引起你的共鸣。

第二节 眼睛与脑神经科学

一分钟面对面识人这个技术,主要是通过观察眼球的微眼跳来判断人的性格。这个技术目前还属于经验推断的阶段，还没有通过仪器的验证。不过，关于眼跳，关于跟视神经相关的内容，已经有了很多研究。

为了写这本书，也为了进一步研究微眼跳和性格的关系，我在出版了第一本书《一分钟面对面识人——写给 HR 和猎头们的超级实用工具书》之后，就一直在学习相关的内容。

非常幸运的是，通过网络，我参加了 Coursera 关于脑神经科学的网课，分别跟芝加哥大学和北京大学的老师，系统学习了脑神经科学，并且获得了课程的毕业证书（见下图）。

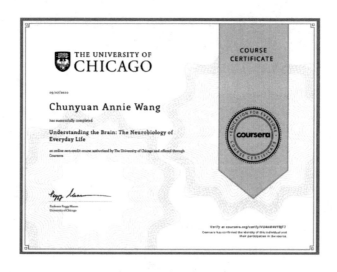

先来讲讲视觉，方便您的全面理解。

一、视觉

视觉（vision）是人类最重要的一种感觉。80% 的外界信息都是通过视觉传入的。人只能看到 380～780 纳米的光波。这个光波我们特别给它起了一个名字——可见光。

在中学阶段,你可能学过,从电磁波辐射和可见光的对比可以看出,可见光是非常狭窄的范围区间。

视觉的形成,需要有一整套生理基础。可以用一个思维导图表示如下:

(内容参考了《普通心理学》(第五版),彭聃龄,北京师范大学出版社,2019 年)

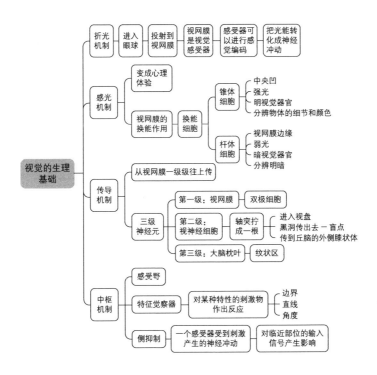

下面是眼球的解剖图。

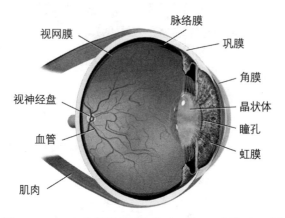

资料来源：Blausen.com staff（2014）. Medical gallery of Blausen Medical 2014. *Wiki Journal of Medicine* 1（2）. DOI：10.15347/wjm/2014.010. ISSN 2002－4436.-Own work.

二、眼动

在对视觉的生理基础做了一些基本的了解之后，我们再来看一下人类的眼动。

人为什么会有眼动呢？

维基百科上有这样一段话：

The visual system in the human brain is too slow to process information if images are slipping across the retina at more than a few degrees per second. Thus, to be able to see while moving, the brain must compensate for the motion of the head by turning the eyes. Frontal-eyed animals have a small area of the retina with very high visual acuity, the fovea centralis. It covers about 2 degrees of visual angle in people. To get a clear view of the world, the brain must turn the eyes so that the image of the object of regard falls on the fovea. Any failure to make eye movements correctly can lead to serious visual degradation.

Having two eyes allows the brain to determine the depth and distance of an object, called stereovision, and gives the sense of three-dimensionality to the vision. Both eyes must point accurately enough that the object of regard falls on corresponding points of the two retinas to stimulate stereovision; otherwise, double vision might occur.

The movements of the eye are controlled by six muscles attached to each eye, and allow the eye to elevate, depress, converge, diverge and roll. These muscles are both controlled voluntarily and involuntarily to track objects and correct for simultaneous head movements.

（摘自：https://en.wikipedia.org/wiki/Human_eye）

翻译如下：

如果图像只是以每秒几度的速度在视网膜上滑动时,人脑的视觉系统无法处理这么慢的信息。因此,人们为了能够在运动时仍然看到稳定的物体运动,大脑必须通过转动眼睛来补偿头部的运动。眼睛在头前侧的动物们的视网膜有一小块区域,视力很精确,即中央凹。它覆盖了人们大约 2 度的视角。为了看到外在世界中清晰的图像,大脑必须转动眼睛,以便所关注对象的图像落在中央凹上。任何不正确的眼球运动都可能导致严重的视觉退化。

拥有两只眼睛可以让大脑确定物体的深度和距离,称为立体视觉,并赋予视觉三维感。在关注某一个对象时,双眼必须使此对象精准地落在两个视网膜的对应点上,以产生立体视觉;否则,可能会出现重影。

眼睛的运动由附在每个眼球上的六块肌肉控制，控制眼球上看、下看、聚焦、发散和转动。为了跟踪物体并纠正头部的同步运动，这些肌肉可以自主和非自主控制。

通过这一小段文字，我们可以知道，眼动的作用是：

（1）看到清晰的画面。

（2）追踪运动中的物体。

（3）产生立体视觉。

（4）调节头部运动。

三、眼动行为的类型

眼动的行为分为两种：一种是静止情境下的眼动（即注视），也就是说头部不运动时的眼动；另一种是运动情境下的眼动，也就是头部在运动时的眼动。

本书中讲到的眼跳，就是属于第一种静止情境下的眼动。

眼跳，就是当我们注视一个物体时，眼球会出现的微小眼动。这些微小的眼动又可分为三类：

（1）微眼跳（microsaccade）。

（2）眼颤（ocular tremor）。

（3）漂移（drift）。

为什么在我们注视物体的时候，眼睛还会出现微小的眼动呢？

维基百科上是这样解释的：

Even when looking intently at a single spot, the eyes drift around. This ensures that individual photosensitive cells are continually stimulated in different degrees. Without changing input, these cells would otherwise stop generating output.

Eye movements include drift, ocular tremor, and microsaccades. Some irregular drifts, movements smaller than a saccade and larger than a microsaccade, subtend up to one tenth of a degree. Researchers vary in their definition of microsaccades by amplitude. Martin Rolfs states that "the majority of microsaccades observed in a variety of tasks have amplitudes smaller than 30 min-arc". However, others state that the "current consensus has largely consolidated around a definition of microsaccades that includes magnitudes up to 1°."

（摘自：https://en.wikipedia.org/wiki/Human-eye）

翻译如下：

即使在专注地注视一个点时，眼睛也会四处游移。这确保了单个感光细胞持续受到不同程度的刺激。如果没有持续的神经刺激输入，这些视神经细胞将停止产生神经刺激的输出。

眼球运动包括漂移、眼球震颤和微眼跳。一些不规则的漂移，比眼跳小而比微眼跳大的运动，大约可达十分之一度。研究人员对微眼跳的定义因振幅而异。马丁·罗尔斯（Martin Rolfs）指出："在各种任务中观察到的大量微眼跳，振幅小于 30 分钟弧度。"然而，另一些专家表示："目前微眼跳定义已基本达成共识，即最高到 1 度。"

总结一下，注视时眼球出现的眼跳行为，一部分是因为要让视神经细胞持续接受刺激。如果眼球不动，就无法产生神经刺激，大脑就无法接收到任何视觉神经信号，也就无法加工成大脑中的成像了。也就是说，注视的时候如果眼球不抖动，我们就看不见任何东西。

对于眼动的研究，目前科学家们仍在不断探索。

脑神经科学与眼动研究，再加上情绪的识别，都是目前备受关注的领域。

如果您希望了解更多与眼动相关的内容，推荐您阅读《眼动研究心理学导论：揭开心灵之窗奥秘的神奇科学》（闫国利、白学军编著，科学出版社，2012 年出版）。

亲子对视，要看出孩子的性格，就是观察微眼跳的不同振幅。

第三节　内在排列的 7 个声音

在 2019 年，我参加了一些课程，其中有一个叫"内在排列的分享"。这个内在排列跟家庭系统排列属于同一个体系。这个体系认为，每个人的内在都有一个 7 人组成的董事会。每当遇到一些重大问题，董事会开会的时候，总有一些人在 C 位，声音也是主流声音，也总有一些人的声音从未被重视，如下图所示。

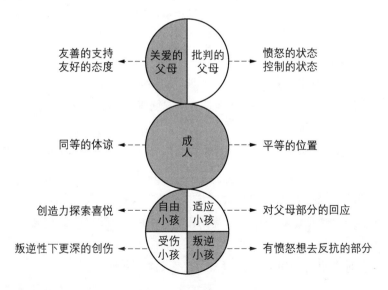

这7个人物分别是：

- 自由小孩。

- 适应小孩。

- 受伤小孩。

- 叛逆小孩。

- 成人。

- 关爱的父母。

- 批判的父母。

这7个人物还可以分成3类：父母、成人和孩子。

在遇到重大决定的时候，你可以觉察一下，到底是哪个类型中哪个人的声音很强烈？又有哪个声音特别微弱？

如果你现在已经是一个成年人了，你需要努力的方向是让成人的声音更加强大，同时平衡好各方面的声音。

那么如何去探索自己的内在，了解到底哪个声音强烈，哪个声音微弱呢？

这里，我给你介绍两个方法。

第一个方法，适合身体感知力敏锐的人。

第二个方法，适合身体不敏感但是头脑的逻辑分析强大的人。

先来讲第一个方法。

第一步，按照刚才的图片，在地面上放7张A4纸。在每张纸上写上：关爱的父母、批判的父母、成人等。一共7个名称，写在7张纸上，保证纸张的背面看不到正面写的字。

第二步，7张纸都写完之后，把这7张纸打乱顺序放在地上。并且让写字的那一面朝下，让自己完全看不到纸上的字迹。

第三步，摆好每张纸的位置之后，选择站在任意一张纸上。慢慢闭上眼睛，感受身体，感受自己的思绪。

第四步，将站立在这张纸上时的感受、思绪，或者头脑中出现的画面记录在一个本子上。

第五步,记录完毕后,从这张纸上走下来,踏上另一张纸,继续感受自己的身体、思绪、画面等。也许你会有不同的感受,把你在第二张纸上的感受记录下来。

就这样一步步完成 7 张纸的测试和感知,然后翻开地上所有的纸,把纸上的名字与记录本上的感受对应起来,也许你就会理解自己内在这 7 个声音的状态。

现在讲第二个方法。

这个方法其实也很简单,就是特殊事件的回顾。

第一步,找一个最近让自己情绪起伏比较大的事件。读这本书的,大部分可能都是家长,并且可能妈妈的占比更大一些,所以我举下面这个案例。

案例 3 感觉一家人关系冷淡,交流很少,如何回到以前的幸福时光?

比如一位妈妈最近情绪起伏最大的事件是,上初中的儿子在暑假期间每天连续看 14 个小时的手机,跟家人几乎不沟通。吃饭的时候,儿子从房间走出来。吃完饭,就立刻拿着手机回自己房间。妈妈跟他说什么话,也是没几句回应。

带着这样的问题,这个妈妈来找我咨询。

首先,我问这个妈妈:你希望儿子的行为有什么变化?

她回答,她希望儿子能够跟她多沟通,回到以前的幸福时光,一家人可以经常在一起吃饭,也有比较多的拥抱等亲密的身体接触,能够更温暖。而现在,家里仿佛冷冷清清的。

我总结说:所以你的期待是让家里更加温暖。

这位妈妈还补充说,她现在是全职太太,要照顾 14 岁的儿子和 4 岁的女儿。挣钱养家的事情,都是由丈夫承担,所以当丈夫的事业越来越好时,出差的时间也越来越多,先生跟儿子的沟通也越来越少。

接下来,我请这位妈妈在空白的A4纸上写下"温暖的家庭氛围"几个字。然后我请她把这张纸放在地上,并且站在这张纸上。让她回想在自己的过往经历中,比如10多岁或者更小的时候、四五岁的时候,想起什么事件是跟"温暖的家庭氛围"有关的。

结果这位妈妈说,她想起在她十一二岁的时候,觉得爸爸妈妈批评的声音比较多,自己内心很自卑,因此,在学习方面非常努力。

我接下来总结,你是希望对抗自己的自卑,对抗父母的批评,所以非常努力,寻求改变。

我继续问:还有没有更多的场景出现,甚至在更小的时候发生的?

过了一会儿,这位妈妈情绪变得比较激动,说在八九岁的时候,其他同学都有漂亮的小白鞋。但是当自己跟爸爸妈妈提出要买鞋子时,被无情地拒绝了。所以,从那个时候开始,她就极度渴望拥有很多很多钱。

我总结,你是希望父母无条件地爱你,能够给你买喜欢的礼物。同时你也渴望拥有很多钱,拥有选择的自由。

从这个对话中,这个妈妈找到了两个核心的场景:11~12岁对抗自卑、努力学习的场景;8~9岁渴望拥有金钱和选择的自由的场景。

当我们总结到这里时,这个妈妈笑了,她说:一直不明白问题是关于儿子玩手机不跟家人沟通,为什么老师却一直在问我自己小时候的种种场景。老师,我现在明白了,我是把对自己的要求投射到了儿子的身上,也投射到了先生的身上。

我觉得儿子看手机是浪费时间,不努力,是因为曾经的我对自己要求严格,要求自己珍惜学习时间,更加努力。

我觉得先生事业心不那么强，挣钱没有别人多，是因为曾经的我非常渴望金钱，我希望先生挣更多的钱。

老师，我知道了，这些都是我的需要，而不是我儿子、我先生的需要。

明白了道理，我们可以回到内在的7个声音。很明显，这位妈妈在遇到儿子每天看14个小时手机这个事件的时候，她内心的声音来自受伤的小孩。而对应的是，她的父母属于批判的父母。因此，在这个案例中，这位妈妈复制了自己父母的行为和态度，用"批判的父母"的方式对待自己的儿子；同时，这位妈妈自己的内在还有一个没有被关心的"受伤的小孩"。

这位妈妈听到了内在两个声音在大声说话：一个来自她自己的"受伤的小孩"，一个来自她父母的"批判的父母"。那么又该如何去应对儿子每天看14个小时手机的问题呢？

我给她出了一招，这一招也许对你有用，也许对你没用，方法的有效与否，不仅在于这个方法本身，还要考虑当下整个家庭氛围和亲子关系。

我请这个妈妈在儿子回家之后，抱着儿子，在他的耳边温柔地说："儿子，谢谢你！你是老天给我最棒的礼物。"

这个妈妈听到我这样说，立刻就泪奔了。虽然她很感动，但是她真的不确定，儿子是否愿意跟她拥抱，因为太久没有这样的亲密接触了。她也不确定这样的语言是否真的能够让儿子少看手机，跟她多沟通。但是，她愿意试试。

咨询之后的第二天，这位妈妈就发来了这样的微信(见下页左图)。

可是，刚过了一天，这位妈妈又焦虑了(见下页右图)。

你可以看到这位妈妈的焦虑有所变化。之前是紧张焦虑，不知所措，甚至会有其他更强烈的情绪。

而咨询之后，看到是自己戴着有色眼镜去看儿子了，因此，虽然焦虑，但也变得比以前更平静。

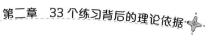

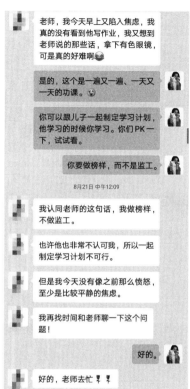

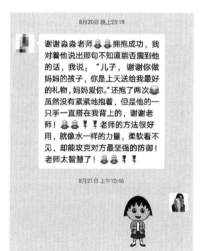

当然，跟孩子的关系，跟丈夫/妻子的关系，是需要一次次、一遍遍地去处理沟通的，不是完成一次咨询，或者看一本书、听一次课就能解决的。

我们都需要更有耐心，做沉默的观察者、耐心的倾听者、智慧的反馈者。

再来总结下，内在的7个声音，包括3类：父母、成人和孩子。这7个声音分别是：

- 关爱的父母。
- 批判的父母。

- 成人。
- 自由小孩。
- 适应小孩。
- 受伤小孩。
- 叛逆小孩。

如何了解自己受到哪个声音的影响最大呢?

有两种方法。

方法一:站在纸上,感受 7 个不同的位置,体会 7 个不同的身体感受。

方法二:回顾自己最近一次情绪起伏较大的事件,提取关键词。通过关键词回忆自己小时候的深刻记忆场景,提取自己小时候的核心关键词,对照声音来自 7 个声音中的哪一个。

第四节　情绪管理能力的提升

我们每个人可能都体会过灵光闪现的瞬间。而这本书,通过一分钟眼睛对视的方式了解孩子或者任何一个人,有很大一部分是来自直觉的感知。

被《时代》杂志评为"人类潜能的导师"的史蒂芬·科维(Stephen Covey)在他的书《高效能人士的第八个习惯:从效能迈向卓越》中谈到了人类的四大天赋才能,分别是:智商(IQ)、体商(PQ)、情商(EQ)和灵商(SQ)。其中灵商,简单讲就是人类的直觉能力。

而要做到提升亲子之间的沟通,很大程度上是先提升情商,再逐渐提升灵商的过程。

关于情商的提升,我们很多人其实是没有方法论的。这里,我

要跟大家介绍我是如何提升我的情商的,也许对你会有所帮助。

情绪是提醒我们注意这里。(**Emotion tells us to pay attention.**)

这句话请你牢牢记在心里。

情绪本身并没有好坏对错之分。情绪实际上也没有所谓的积极情绪和消极情绪的区别。

有些人会把情绪分为有效情绪和无效情绪。在我看来,每个情绪都是有效的,每个情绪都是好的,因为,每个情绪都在提醒你:"嗨,朋友,这里有一个需要或渴望要被满足!"

在本章的第一节,我分享了孩子的杏仁核、边缘系统和前额叶皮层。孩子只有当感受到安全和被爱的时候,才会理性思考。

我们作为成年人,如果能够自主自发地提醒自己从情绪的风暴中分离出来,快速进入理性思考阶段,同时能够感受他人的情绪风暴,快速转化,就是具备了高情商。

具体该怎么做呢?

首先,要学会给情绪命名,并且用语言表达出来。比如说,我现在感到悲伤,我感到难过。

提升情商很重要的一步,是选择情绪词语,描述自己的心情,或者提炼出对方的情绪词语并与对方确认。

除了采用情绪名词给自己或他人的情绪"贴标签"外,还可以用比喻的方式表达情绪。比如说,我现在的感觉好像是阳光照在一片绿色的草地上,感觉很温暖,很舒服。

所有的情绪都有意义,都有目的,也都有身体的表现形式。

每一种情绪其实都是在提醒你,内在有一种需要。

我们不是在一个时刻只有一种情绪,而是很多情绪综合展现,并且有些情绪本来就是复合情绪,比如,美国著名心理学家伊扎德(Izard)就认为敌意是由愤怒、厌恶、轻蔑这三种情绪组成的。因此,我们要具备剥离情绪和命名情绪的能力。这样我们就会更有情商，直觉也会因此更加支持我们做出更合适的选择和行为。

推荐书目：

内在探索

1.《心灵七游戏》，毕淑敏，湖南文艺出版社，2021 年。

强烈推荐你读毕淑敏老师的这本《心灵七游戏》。这本书介绍了 7 个作业，帮助你更加了解自己。我当时是花了 7 天时间读完这本书的。不是因为这本书有多厚，而是因为我每天读完一个心灵游戏后，就会完成相应的作业。我写了满满 10 张 A4 纸。写完之后，我把这本书分享给了我的好几位朋友。他们也都很有收获。

希望你去完成这 7 个作业。你会对自己有更多认识！

2.《斯坦福大学人生设计课》，(美) 比尔·博内特，(美) 戴夫·伊万斯，中信出版社，2017 年。

如果你觉得现在的生活是卡住的状态，请你也阅读一下这本书。在 2018 年夏天，我曾经想放弃一分钟对视这个项目。因为当时我的第一本书已经出版了，每次对视获得的评价也挺高的，对我来说已经没有新奇感了，没有挑战了，没有目标了。

我向一位 60 多岁的职场高管求助。他没多说什么，只是让我读一下这本书。

我花了 3 天时间，什么都没做，就在办公室里读书，做笔记。一共写了 12 页 A4 纸的笔记。最后总结出一句话：一分钟对视不仅要发挥我的潜力，还要帮助更多人发挥他们的潜力。

"支持他人发挥潜力"，是我一直走到现在的动力。

所以，读完这本书，我对自己的认知加深了。原来只为了自己的利益去对视，我很容易懒惰和松懈，但若是为了他人的利益，我会更有动力。因此，我看到了我内在利他的动力，而且这个动力非

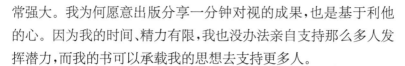

常强大。我为何愿意出版分享一分钟对视的成果,也是基于利他的心。因为我的时间、精力有限,我也没办法亲自支持那么多人发挥潜力,而我的书可以承载我的思想去支持更多人。

找到给你持续力量的格言吧!

家庭系统排列

1.《这不是你的错:海灵格家庭创伤疗愈之道》,(美)马克·沃林恩,机械工业出版社,2017年。

2.《看不见的力量:系统排列心理疗法》,王睿,中国农业出版社,2015年。

家庭系统排列是德国人伯特·海灵格创立的疗愈方法。很推荐你阅读伯特·海灵格写的书。除了创始人海灵格自己写的书,我还建议你去阅读这两本。

第一本比较理性,从脑科学等现代科学的角度去阐述家庭系统排列。所以,对于擅长理性分析的读者,比较容易接受。

第二本,我特别喜欢书的后半部分。特别解释了什么是良知,以及良知对于家族、个人的深远影响。

在33个练习中,有一些是借助家庭系统排列的思想安排的。而一个小小的练习,都会有强大的心灵震撼作用。

禅修

1.《活在此时此刻》,(法)一行禅师,天津人民出版社,2018年。

2.《箭术与禅心》,(德)赫立格尔,广西师范大学出版社,2008年。

生活如果是满满的行程安排,或者无穷无尽的 to do list(待完成事项),你就活成了油画模式。而我个人,越来越喜欢国画模式。

　　油画的画布填满了颜色，完全看不到画布。

　　但国画有很多留白，也有很多想象的空间，也就是通常所说的意境。

　　学会给自己的生活留白，是一种大智慧。

第三章 33 个练习

我们每个人内在都有很多的声音。按第二章的分析,我们内在会有 7 个小人。通过完成接下来的 33 个练习,我希望你可以整合你内在的声音,让它们变得更加和谐。这样,你就可以支持你的孩子,帮助他/她的内在声音更加和谐。

第一节　4 种性格分类及对应表现

接下来的 4 个案例是关于 4 种性格的典型表现。你可以把你与孩子对视的结果与这些表现对比一下,找到异同点,并进一步体会对视技术。

案例 4　老虎型孩子是这样的

2019 年的六一儿童节,我来到了某个户外亲子基地,跟众多亲子家庭一起互动游戏。有一个环节是我示范亲子一分钟对视。

有一个 12 岁的小女孩在舞台下站着,很认真地听我讲话。我就邀请她上台来跟我对视。

结果我发现这个女孩是老虎型,眼球抖动幅度为 0,一分钟全

（图片中小女孩头像打了马赛克。）

程都是这样。同时，在对视过程中，她还在用力咬嘴唇。她的这个小动作，在我看来是一种增加自我感知、自我暗示的行为。仿佛对自己说"加油，加油"这样鼓励自己的话。从眼神中能看出，这个小女孩有一种不服输的精神。

后来我给她的5层信息反馈是这样的。

（1）性格特征：老虎型性格。

（2）当下的情绪压力：主要来自内在，而非外在压力，对自己的要求很高。为了达到老师或家长的期待，会非常努力。

（3）原生家庭的影响：在一些关键问题上会听自己的，父母的影响会比较小。

（4）身体健康。

（5）未来3到5年的期待：希望成为团队的领导，做榜样，做第一。不甘于人后。希望获得鼓励、赞美和认可。

小女孩听过我的反馈，给我打了9分（满分为10分）。她说，我可能没有老师说的那么坚定有目标，不过其他方面都很准确。

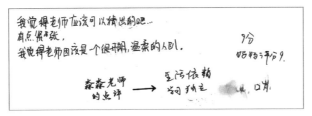

（小女孩名字已打马赛克。）

妈妈全程在旁边聆听，说：女儿在生活方面还是很依赖父母的，不过在自己喜欢的事情上有明确的目标，很坚定。我不想让她继续学习画画了，可是她还想继续学。

后来，我要送这个小女孩一本我的书作为纪念。我问她有什么话想送给自己。这个小女孩说："实现所有的目标。"

天哪，这就是典型的老虎型性格的人说的话呀！他们的目标就是不断地实现一个个目标。我又问她：你最大的目标是什么呢？她说：不知道。我又问她：今年的目标是什么呢？她说：期

（小女孩头像打了马赛克。）

末考试能考好。看到了吧，这就是老虎型的人，总想争第一，成为最好的那一个，获得成就感！

如果你家的孩子是老虎型的性格，通常他们对于自己的目标会很坚持，不轻易放弃。同时，他们即使遇到压力，也会有比较强

大的抗压能力。但是，作为家长，需要学习的是如何帮助这些"咬定青山不放松"的孩子们舒缓压力。

如何给老虎型小宝挠痒痒呢（就是如何沟通到位呢）？作为家长的注意事项是：

（1）鼓励、赞美、认可，每天都不能少。赞美的数量很重要！

（2）帮助孩子减轻压力。让孩子认识到，除了关注目标，还要关注内心的喜悦。

（3）讲故事胜于讲道理，讲道理胜于要求和控制。在讲不通道理的情况下，让他们自己接受现实的打击和挑战，千万不要代替他们做决定。

接下来是第一个练习，了解老虎型孩子的核心词语。

❀ 练习 1　我的 50 个优点

请你的孩子找一张空白纸或者一个本子，在上面写下自己的 50 个优点。或者孩子说，家长写。家长也在另一张纸上写下自己的 50 个优点。

写完之后，跟你的孩子坐在一起，家长先念自己的优点，再听孩子念自己的优点。

接下来，请孩子选出自己的 3 个核心优点。

家长要记住孩子选出的核心优点，并且围绕这 3 个核心优点，经常夸奖孩子。

这个练习会让孩子进一步了解自己，也会帮助家长了解孩子如何看待自己。

这个练习还有一个作用，就是让孩子学会建立自我欣赏的自信心。如果孩子每天都用 50 个优点中的一个鼓励自己，他们会越来越自信。

曾经有一个咨询客户问我：为什么要写出 50 个优点？因为她

觉得写 50 个太多了,太难了。

我的回答是,写 10 个优点虽然也可以,但跟写 50 个还是有很大区别的。因为有的人选出的核心优点在前 10 个之内,而有些人是在后面的 10 个中选出的。

当然,如果作为家长的你,从小被父母批评,被老师批评,那么我也推荐你先独自完成这个作业。

家长版的作业,还有一个升级内容:家长选出自己的 3 个核心优点之后,连续 7 天,每天自拍一张微笑照片,编辑与核心优点有关的文字,发朋友圈。如果不方便发朋友圈,可以设置成"仅自己可见"或每天照镜子的时候,对自己微笑。7 天之后,你也许会有不一样的感受。

阅读到后面你会发现,练习 11 跟这个作业非常类似。但是侧重点是不同的。

练习 1 侧重找到自己的核心优点,学会正面评价自己。

练习 11 侧重找到家人的核心优点,学会正面评价他人。

只有学会表扬自己,夸奖自己,认可自己,才有可能表扬家人,夸奖朋友,认可团队成员。

赞美是一种技能,需要学习,更需要练习。请重视第一个练习,快去拿小本本做作业吧!

案例 5　孔雀型孩子是这样的

2019 年 9 月,我在某平台直播时遇到了一个家庭,非常有代表性。

妈妈说大儿子 5 岁 4 个月,二儿子 1 岁多。自从二宝出生后,老大就越来越不听话。用了很多方法,就是无法跟老大沟通。

了解了宝妈的问题后,我先和老大对视,之后跟妈妈对视。

在一分钟对视的过程中,老大的身体动来动去,一会儿看摄像头外面,一会儿看镜头,一会儿又捂着嘴笑。总之,就是没办法专注地看着摄像头。

遇到这样的宝宝,我还是保持稳定,依然保持身体不动,不说话,只是看着他。过了十几秒,老大看我没什么变化,也开始看着我。就在他看我的短短几秒中,我立刻看清楚了他眼珠的振幅情况。跟老大的对视,还真的有点挑战。

我给大宝的反馈如下:

(1)性格:孔雀型。眼珠抖动的振幅接近100。老大对很多事都很感兴趣,但是也会三分钟热度。

(2)当下的情绪和压力:最近有压力,在黄色区域。

(3)未来的潜能:有创新的想法,并且喜欢美好的事物。

接着,我跟孩子的妈妈彭女士对视。在对视之后,这位妈妈说,跟我对视的感受好像上学的时候看着老师,感觉很紧张。

而我看到的彭女士眼珠的抖动方式是:完美型,40左右的振幅,属于典型的猫头鹰型。

看到这样的母子——猫头鹰型与孔雀型,我就立刻知道冲突发生的原因了。

完美型或猫头鹰型的家长,会不由自主地看到不足和缺点,因为他们的目标是减少错误,追求完美。这位家长是一个擅于发现错误、发现问题的猫头鹰型,是拿着放大镜找错误的形象。这样的家长非常不擅长鼓励、赞美和表扬。

完美型或猫头鹰型的人,关键词是"责任";而社交型或者孔雀型的孩子,关键词是"欣赏"。

有的孔雀型小朋友会在墙上画很多各种颜色的线条和图案,对于猫头鹰型的妈妈来讲,在墙上画画,真的是要让人气炸的;可是对于孔雀型的孩子来讲,能在墙上画画,真的是太开心了。

彭女士参与这次对视直播的目的,是想了解如何解决大宝和二宝之间的纷争。

这个问题的根本原因就是两个孩子争夺母亲的关注。

在大宝的记忆中,他曾是家人关注的中心,所有人都围绕着他转。当二宝出生后,所有人对他的关注减少了,尤其是妈妈对他的批评多了,还要他时时处处让着弟弟。

大宝认为,这就是被剥夺了已有的权利,还要出让权利。也许大宝感受到父母没有以前那么爱他了。

作为社交型的孩子,他很可能会一次次触碰父母的边界和情绪的底线,来试探父母是不是还爱他,是不是还和以前一样宠着他。如果试探换来的是父母的批评、指责,甚至打骂,大宝就会与父母更加对抗。

理解了大宝产生对抗情绪的深层次原因,我给潘女士的建议是:

每天至少表扬大宝 10 次,坚持 50 天。当自己真正完成这个巨大的挑战之后,给自己一个礼物,至少是 1 000 元以上的礼物。所以平均下来,每次表扬大宝,就挣 2 元。

听到我提出这个建议后,彭女士露出了笑容,说这样的建议非常有帮助,而且她也很有信心。

彭女士说,她确实很少表扬大宝,可能一个月都不会表扬他一次。

对于完美型的家长,表扬并不是一件容易做到的事情,因为完美型的家长都很少表扬认可自己。对自己都很难表扬,怎么会表扬他人呢?

表扬大宝的练习,就是让彭女士学习一个新的习惯:发现他人的优点,及时表扬。

当这个发现优点的习惯养成之后,完美型的人就会变成一个既懂得表扬自己又懂得表扬他人的人,人际关系自然会大大提升。

从这个角度来看，孩子真的是来给家长送礼物的，这份礼物就是让我们得到进化。

直播后两天，我收到了彭女士的微信。全文如下：

森森老师，您好！今天我又发火了。早上他不想去幼儿园，我发了一通火，他最后去了。晚上回来上外教课，开始的时候不好好听，我也忍着。到了睡觉时，他非要闹着开空调，爸爸把电源关了，他不行了，爆发了，一直哭闹，抱着我的腿，搞得二宝也开始哭闹，家里的阿姨也哄不住任何一个，爸爸也哄不住任何一个。那一刻我崩溃了，彻彻底底地骂了他一顿，从九点到十点多，一直没好气对他，后来让他去跟阿姨睡了。二宝也是，哭了两个小时。我把大宝骂一顿，小宝骂一顿，爸爸骂一顿，我也不知道怎么了，感觉疯了，有时候就是控制不住自己的情绪，感觉自己好失败！好崩溃！不知道该怎么办！老师，希望您能帮帮我！我觉得我有很严重的心理问题！😭😭😭

表扬的作业，真的是一个很大的挑战。因为要改变旧习惯，建立新习惯。彭女士的旧习惯可能已经存在了很久（完美型的人很善于自我批评，她的这个旧习惯可能已经存在30年了）。

怎么可能尝试一次就把30年的习惯彻底改变呢？所以，要一次又一次、一次又一次地不断练习。这也就是为什么我建议潘女士持续50天做这个练习了。

案例总结：

（1）完美型的妈妈善于找寻错误，但不善于表扬、认可、夸奖孩子。这需要学习才能改变，推荐阅读《非暴力沟通》这本书。

（2）社交型孩子需要被欣赏，他们希望获得各种各样的表扬和认可。

（3）旧习惯的改变、新习惯的建立需要一定的时间，要有耐心、恒心和信心。

（4）孩子的降临是送给家长的一份礼物，这份礼物就是让家长更多关注自我的成长。只有父母成长了，孩子才会更加自由、快乐和幸福。父母的学习成长是关键。

最后，在结束对视的时候，大宝还专门跑到一边去画了一幅画，说9月10日是教师节，这是特别送给我的礼物。真的是超级贴心呢！

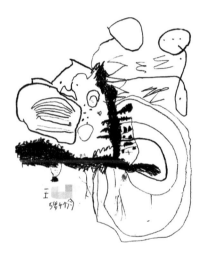

因为本书是黑白印刷，所以我用文字来描绘一下这幅画：

彩色的线条代表彩虹，

大红色是苹果，包裹着彩虹，

棕色是土，

绿色是草，

地底下的是胡萝卜，还有菠菜，

竖着的棕色是树，

绿色闪电把树劈倒了，

蓝色的是小雨滴。

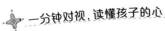
感谢大宝用心绘制的礼物。

下文附上彭女士写的对视反馈。感谢完美型的妈妈如此用心。全文如下：

看了那么多的公众号文章，还是没有学会当妈，说的是你吗？

大家知道什么叫"积极的暂停"吗？这是《正面管教》一书开头就提到的一种亲子冲突解决方法。我把这两天发生的事情记录下来，在文后会告诉大家什么是"积极的暂停"，这个方法怎么用，在什么时候用，用了之后会起到什么样的作用。希望大家能认真看，也希望看了之后，能对您亲子关系的改善起到一定的作用。

其中还将谈到"一分钟亲子对视"，想了解详细情况的可以在文后留言，我会私信告诉大家。

昨天，也就是开学的第二天，臭宝一大早起来就开始跟我谈条件：

"妈妈，今天我好好上幼儿园，下午放学你给我买一包五块钱的卡片，行不行？"

"不行，"我回答得干脆又直接。

"那可不可以告诉我为什么。"

"因为最近咱们没有买卡片的预算，昨天才给你买了一个大蛋糕，我们不能天天买东西，所以今天什么都不买。"

吃过早饭，淅淅沥沥开始下雨，爸爸说开车送，臭宝开始各种不配合，各种闹，我一直在哄、夸、商量，但是全部没有用。爸爸气得直接走人，我也开始不理他，自己收拾收拾准备上班。

后来他一个人实在无聊就说："妈妈，那你送我去幼儿园吧。"

"阿姨送，我今天来不及了。"

其实我说的是气话。作为一个中年女人，一大堆的事情，本身就疲于应付，哪还有时间去天天哄一个小屁孩？

晚上放学回来有外教课，他也是各种不配合，一会儿揪揪我头发,一会儿把弟弟打哭,我也是一直忍着没有发火。到了睡觉时间,他洗完澡就要开空调。因为昨天几乎下了一天雨,家里基本就二十四五度,他还闹着要开空调。爸爸一气之下把空调的电源关了,然后他就开始闹,不让我抱弟弟,抱着我的腿不放,掐弟弟的胳膊,我一直忍着没有发火,还是哄,好言相劝,各种夸奖鼓励,发现对他就是不起一点作用。然后我就发飙了,把臭宝彻彻底底地骂了一顿,让他跟阿姨睡去了。到了夜里想去把他抱过来,也没有去。

其实在这之前一天,也就是9月9日,开学第一天的晚上,我才预订了森森老师在某平台上的一分钟亲子对视课程。

跟森森老师在微信上视频聊天,先是森森老师和臭宝进行一分钟对视,然后和我进行一分钟对视。

对视完后,森森老师就告诉我说臭宝是社交型人格,我是完美型人格,我们俩的性格是对角线,说社交型宝宝就是典型的三分钟热度,他需要父母更多的耐心、爱心,还有坚持的鼓励。

然而我却是一个不善于夸奖宝宝的妈妈。所以看似我们俩老是不对付,其实是因为性格呈对角线的原因。森森老师告诉我,以后要多鼓励宝宝,夸奖宝宝,夸的时候要夸到点子上,不能泛泛而夸,要就事论事地夸。老师一说我就懂了,即便夸奖一个小孩子,也要走心,不能应付。

最后森森老师还给我提了一个小小的要求,希望我能坚持50天,每天夸奖宝宝10次,如果能做到,就奖励自己1000元以上的礼物,因为我的性格原因,所以奖励要足够有诱惑力。

没想到,森森老师对我的要求,第一天就被我打了水漂,我也是万万没想到,居然一天都坚持不了,也是很郁闷。

昨天晚上就给森森老师发了信息,老师今天也给我回复了,说性格不是一天形成的,所以你也不要气馁,毕竟一个性格跟了你可能快 30 年，甚至更久的时间，不要跟自己较劲，要慢慢来，给自己时间，给自己机会，也给宝宝时间和机会来改正缺点。你们两个一起来学习，来改正，相信你们一定可以改善这样糟糕的亲子关系。

其实，我也买了很多育儿方面的、孩子心理学方面的书籍，还参加了一些改善亲子关系的课程，虽然我也一直在学习，可是，总觉得自己还是做不好一个妈妈。

感觉很崩溃。

今天再一次读了《正面管教》一书，突然看到一句话，拿来跟大家分享，希望对咱们都能起到作用。在父母和孩子发生冲突的时候，我们会转向受"爬行动物脑"的控制，此时唯一的选择是"战"（权力争夺）或者是"逃"（放弃努力，无法沟通）。

所以在这个时候，我们需要用"积极的暂停"让自己的感受好起来，并且在亲密和信任（而不是疏远和敌意）的基础上解决问题。当你在矛盾冲突的时候用了"积极的暂停"，之后又能"温和而坚定"地跟宝宝继续进行交谈，那么我相信，你们一定能解决所有问题。

PS：再次对森森老师表示感激！

❀ 练习 2　找到彼此爱的语言

直播中，我给家长彭女士的练习是每天鼓励孩子、赞美孩子10 次。如果你觉得这个练习难度很高，也可把赞美的次数减少到每天 3 次，甚至每天 1 次。

另外，还有一个更重要的内容：倾听美好意图。

这里面其实有两个关键词：一个是"倾听"，另一个是"美好意图"。

在彭女士的总结中，你也许可以看到，在倾听的部分，彭女士还需要加强。

当大宝提出"妈妈，今天我好好上幼儿园，下午放学你给我买一包五块钱的卡片，行不行？"时，彭女士干脆又直接地回答："不行。"从这个瞬间开始，矛盾就出现了。

一个善于倾听美好意图的妈妈，在听到大宝的请求时，也许会这样回应："为什么你想买一包五块钱的卡片呢？"

也许大宝会说："我好好上幼儿园，老师会表扬我，我也希望妈妈表扬我。所以，我想让你给我奖励一包卡片。"

一个善于倾听美好意图的妈妈，在听到孩子买卡片的原因之后，可能并不打算买卡片奖励大宝，但是依然可以用商量的口气说："你好好上幼儿园，希望妈妈表扬你。我明白了。我一定会奖励你。不过昨天刚给你买了大蛋糕，五块钱虽然不多，但今天妈妈并没有计划买卡片。你看妈妈可以用别的什么不花钱的方法奖励你呢？"

也许大宝就会提出一个不花钱的奖励方法。比如说，大宝可能希望妈妈给他念故事书，或者一起用烤箱做巧克力蛋糕，甚至是亲亲、抱抱、举高高这样亲密的互动。

这样，大宝白天在幼儿园一定会好好表现，因为知道会有妈妈准备的奖励。晚上的各种冲突，要开空调、不让哄弟弟等事件也许就不会发生了。

而且，通过彭女士的记录，我看到了一个逻辑思维强、口才好的孩子。

当彭女士拒绝买卡片时，大宝的原话是："那可不可以告诉我为什么？"

"可不可以告诉我"这样的表达，是带着尊重、协商的语气跟妈妈沟通。他没有带任何负面的情绪应对妈妈的拒绝。

如果带着负面的情绪，比如带着愤怒的情绪，也许他会说："为什么不买？不行，我就要！"

我还看到，大宝的爱的语言是"爱的礼物"，希望用礼物表达爱和认可。

这部分，推荐读者们阅读另外一本书《爱的五种语言》，测试你自己和你的孩子使用哪一种方式表达爱。

这五种爱的语言分别是：

（1）肯定的言语。

（2）精心的时刻。

（3）接受礼物。

（4）服务的行动。

（5）身体的接触。

第二个练习就是跟你的家人一起做测评（可以买纸质书《爱的五种语言》，完成测评后，你就知道自己爱的语言是哪种了）。

当你了解了自己和家人的爱的语言后，你就更容易倾听出对方的意图是什么，也就更容易化解冲突，达到和谐沟通的目的。

案例6 考拉型孩子是这样的

2019 年 7 月，我在做亲子直播对视的时候，遇到了一位考拉型的孩子。男孩 7 岁，孩子的妈妈是公司职员。

在跟我视频对视的一分钟中，7 岁的君君一直安静地坐在镜头前，可是他没有办法直视我的眼睛。君君全程看着自己左下方的一个点，等待一分钟结束。这样的情况还是比较少见的。大多数孩子，即使害羞，也会偶尔看看我的眼睛。可是君君全程都没有跟我有任何的眼神接触。

所以，我只能判断君君的性格是考拉型，有些不自信，偏内向。

在我感受君君当下的情绪和压力时，君君的压力值中偏高。

身体的部分，我能感受到的是喉咙和胃这两部分有一些卡。

喉咙是沟通的主要部位,所以这部分的卡,也许代表君君无法表达自己内心的想法。胃是我们的动力区域,我们的消化系统就像发电站一样,提供身体所需的能量。所以胃的部分卡,也许代表君君动力不足。动力不足,也许是因为不清楚行动的目标和意义。动力不足,也许还因为体质不佳,没力气做事情。

关于君君内心的期待,我看到君君目前只想一个人待着。如果有一个人可以主动去靠近他,他也可以接受,而且他期待别人靠近他,而不是他去靠近别人。

而君君妈妈的困惑恰恰是关于这一点。她认为君君过于内向,总是一个人玩,不善于与人沟通,所以有点焦虑。担心会影响他未来的人际关系和事业发展。

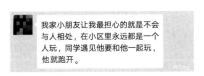

我家小朋友让我最担心的就是不会与人相处,在小区里永远都是一个人玩,同学遇见他要和他一起玩,他就跑开。

平和型性格的小朋友,天生是一个很好的倾听者。他们不喜欢热闹的场合,更不喜欢成为焦点人物,这样他们会有很大的心理压力。

家长要理解,不是每个小朋友都那么活泼,也不是每个小朋友都愿意随时随地表达自己的想法。家长要理解孩子的精神胚胎,根据这个胚胎去培养孩子。

我经常打一个比方:不要把苹果种子种在花盆里。苹果种子应该种在更开阔的地方,而不是小小的花盆里。你更不能要求苹果树上结出草莓。

曾经有一本书,专门讲内向人的优势,名字叫《内向孩子的潜在优势》(马蒂·奥尔森·兰妮著,上海社会科学院出版社,2017年)。推荐你进一步阅读学习。

而对于君君,我也给他留了一个作业(练习 3)。

🌸 练习3　当我不开心了，我会画出来

平和型的孩子，不太善于用语言表达自己（不是所有平和型孩子都不喜欢自我表达，他们只是讲话比较慎重。如果跟孔雀型孩子比起来，他们确实不爱讲话）。所以，可以请他们用其他方式表达想法和感受，比如，画出来。尤其是当他们不开心时，一定要让他们的情绪流动起来，舒缓压力，不要让他们把情绪压在心里。

可以让平和型孩子在纸上画他们不开心的事情。什么样的线条都可以。比如左图。

等他画完，问他：画的是什么不开心的事呀？之后进一步跟孩子聊聊这件让他不开心的事情。

如果孩子不愿意说，也不必一直问。因为这个作业的目的是让孩子去抒发情绪。如果你观察到孩子在画完之后，深深呼出一口气，那就说明，孩子已经做了情绪的处理，已经好一些了。

还有一点，对于平和型的孩子，要帮助他们去寻找兴趣爱好。如果他们学会把注意力放在自己喜欢的事情上，自得其乐，家长也不必强求他们靠近其他孩子，与他人社交。也许这个兴趣爱好是绘画、音乐、

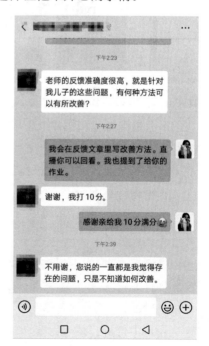

拼乐高玩具,等等。当孩子能够自己一个人认真专注地做自己喜欢的事情时,家长也就不必特别焦虑了。

最后,君君妈妈给了我10分的满分反馈。

在这里还需要特别强调一点,不是说所有看似内向、不爱说话的孩子都是平和型。所以,家长如果能够跟孩子对视,通过眼珠的抖动幅度判断,就会更加准确。

再举一个例子。

案例 7 妈妈,我想守在你身边

我曾经在幼儿园跟家长和孩子们对视。有一个5岁的男孩是跟妈妈一起来的。这个男孩全程都跟我有眼神接触,他眼珠的抖动振幅在20左右,所以我可以轻松判断出他是考拉型,也就是平和型。并且孩子的眼神中还透露出温暖的感受。除此之外,我还看到孩子有一个心愿:希望陪在妈妈身边。

结束对视之后,我就跟孩子妈妈反馈。我说:"你家孩子是考拉型的性格,也就是一个暖宝宝。他很善于观察别人的情绪变化,很体贴别人。而且他好像还有一个心愿,就是陪在你身边。"

听到这里,这位妈妈突然眼睛红了,她一边抹眼泪一边说:"老师,孩子前两周开始,总是跟我说,'妈妈,等我长大了,我上大学就在附近上,我想陪在你身边'。"

说完,孩子妈妈就看了看一旁的孩子,并且把他搂在怀里。

一个5岁的儿子能够说出这样的话,真的让人感到很贴心。

因此,如果你的孩子是考拉型,请跟他们耐心沟通。他们需要更多时间思考,在组织好自己的想法和语言之后,才会表达自己。并且这样的孩子很善于观察细微之处,会感受到家长情绪的细微变化。而且还有一个特点,考拉型的孩子通常都喜欢被拥抱等身体的接触。因为对他们而言,安全感是最重要的,被家人拥抱呵护

是最安全的感受。

❀ 练习4　画出我的情绪

对于考拉型的孩子，如果他们不太愿意用语言表达自己的情绪，练习3还可以有2.0版。

用12色或者更多颜色的彩笔，在白纸上画出任意的图案和线条。用不同的颜色表达不同的情绪。

先在纸片上写下情绪的词语：悲伤、开心、平静、生气等。

然后，请孩子选择一种颜色的笔，开始画下悲伤。

画完之后，再用另一种颜色的笔，画下开心。

可以在同一张纸上画出这些情绪，也可以每一张纸上只画一种情绪。

除了这样随意自由地画画，你还可以购买曼陀罗的涂色书，让孩子用各种颜色去涂色，在涂色的过程中，抒发自己的情绪。

为何用涂画的方式就可以让情绪得到抒发呢？

在脑神经科学中，负责情绪的部分主要在大脑中央附近的杏仁核；负责视觉处理的部分主要在枕骨叶，也就是后脑勺靠近枕头的位置；负责语言的部分主要在大脑左半球，太阳穴附近的颞叶。

所以，从脑神经科学角度分析，当一个人在情绪状态中时，是大脑中心区域的杏仁核兴奋。但是看到物体、用语言表达的时候，是大脑的视觉皮层和听觉皮层兴奋。不同的兴奋区域，大脑会释放不同的化学物质。而释放的化学物质会从神经传递到全身每个细胞，并且速度非常快，按秒计算。因此，身体的每个细胞接受的化学物质都不一样，人的状态或者行为都会有很大的变化。

在绘画的过程中，视觉的改变就是在抒发情绪了。结合语言表达，给情绪命名或者用比喻的方式描述情绪，也是在抒发情绪。

也就是说,让杏仁核逐渐平静,让视觉区和语言区逐渐兴奋,这样情绪就得到抒发了。

所以,非常建议家长们带领小朋友们通过绘画,学习表达情绪。

另外,读者也可能会问:我不知道怎么给情绪起名字,我的词汇很匮乏。你可以在微信中搜索小程序"情绪辞典"。里面有很多情绪的描述词语,还配有有趣的漫画。你可以测试一下,挺有意思的。

案例8 猫头鹰型孩子是这样的

2019 年 11 月,我跟一位移民到新加坡的 6 岁小朋友天天(化名)进行视频对视。

对视过程非常顺利。但是在打分环节,出现了一个小插曲。

通常我会邀请小朋友用数字 1~10 给我打分。可是天天直接拒绝我说:"我不适合打分。"

刚听到这样的回应,我很惊讶,但我立刻调整。首先,我向天天表达反馈对我的重要性,因为我要通过数字分析自己的进步。

听到这里,天天说:"做得好可以表扬,做得不好就不表扬。"

我立刻提议,能不能像在幼儿园或者学校里那样,用小花花或者小星星?比如 5 朵小花花或者 5 个小星星表示很好,不好,就给 1 个小星星或者 1 朵小花花。

结果天天说,好的就给 1 朵小花花或者 1 个小星星,不好的就不给小花花或者小星星。

这样的沟通结束之后,我知道天天的评价体系了,他不用分数,也不用等级,他只有好或不好,他只有给小花花或不给小花花。因此,我推测这个孩子是非黑即白的二元评价体系,并且孩子的要求是很高的。

我选择尊重天天的评价体系。

紧接着，我就给出了对视的三层信息反馈。

天天的性格：完美型，也就是猫头鹰型。对数字、逻辑特别敏感；动手能力非常强；也很有责任心，只要是他承诺的事情，就会尽力去做好。

天天的压力：黄色区域，有压力。压力来自父母，会感到不情愿。内心的想法是：你们非要让我做，我只能做，但是这不是我想做的。

天天的潜能和天赋：天天很擅长做设计。乐高、手作、设计制作这类是他非常喜欢的，也是非常擅长的。建议家长带着小朋友多参观一些建筑类、设计类的展览，而不是仅仅参观美术绘画类的展览。

我问天天："你给老师几朵小花花或者几个小星星呀？"

"3个！"

很感谢天天给我满分评价！

我想，天天给我这样的评价，不仅是因为我的评价符合他内心的声音，还有我对他评分体系的尊重，与他沟通时注意倾听，安静地等待回答，这些都是天天给我满分评价的原因吧！

对视结束后，天天妈妈说，天天确实很喜欢乐高，而且能做出可以活动的零部件。去了动物园之后，就可以拼出动物的造型。

对于天天妈妈给出的不同文化之间的融合问题，目前我没办

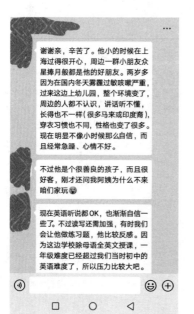

谢谢亲，辛苦了。他小的时候在上海过得很开心，周边一群小朋友众星捧月般都是他的好朋友。两岁多因为在国内冬天雾霾过敏咳嗽严重，到这边上幼儿园，整个环境变了，周边的人都不认识，讲话听不懂，长得也不一样（很多马来或印度裔），穿衣习惯也不同，性格也变了很多。现在明显不像小时候那么自信，而且经常急躁、心情不好。

不过他是个很善良的孩子，而且很好客，刚才还问我阿姨为什么不来咱们家玩😊

现在英语听说都说OK，也渐渐自信一些了。不过读写还需加强，有时我们会让他做练习题，他比较反感。因为这边学校除母语全英文授课，一年级难度已经超过我们当时初中的英语难度了，所以压力比较大吧。

法给出好的建议。

我只能说,通过对视看到了天天的现状以及天赋所在。

对于天天,还有一个提醒,他的评价体系是二元的非黑即白,对于儿童是可以的。但是随着他逐渐长大,很多事情就不是简单的对与错、好或坏、要和不要就能判定的。所以,要让孩子看到,在全对和全错的中间,还有很多可能性。就像冷和热,只是相对的感受。(对于6~12岁孩子的培养,有精力的家长可进一步阅读发展心理学中儿童阶段的相关内容。)

❀ 练习5 有理有据的表扬

猫头鹰型的孩子,很善于发现逻辑错误,以及数字之间的关系。因此,对猫头鹰型孩子的表扬方式,与对其他孩子的表扬方式是完全不同的。

对于老虎型的孩子,你随便怎么夸他们,他们都照单全收。量大是关键!

对于孔雀型的孩子,就要夸他们漂亮、时尚、有眼光。美丽是关键!

对于考拉型的孩子,就要多抚摸身体,给他们温暖和柔软的安全感,柔声细语地跟他们说话。舒适是关键!

对于猫头鹰型的孩子,夸他们是最费时费力的。合情合理是关键!

如果你随便夸他们:你真棒,好厉害! 这样的话,对他们而言是很肤浅的。他们会在心里想:你为什么要夸我,想让我做什么?

所以,夸猫头鹰型的孩子,一定要有理有据、合情合理。

比如,如果我夸天天,我会这么说:

天天,你花了20分钟研究这套新的乐高玩具,只花了5分钟就拼好了,而且桌面还收拾得干干净净,每个小工具都复归原位。

你真是一个做事有计划、有条理的人。

看到了吗，这段话里面，有数字——"20分钟"，有细节描述——"收拾得干干净净"，还有性格总结——"有计划、有条理的人"。这样的夸奖，才是猫头鹰型孩子喜欢和接受的表扬方式。

他们听到之后，会觉得：哦，你真的在很认真地关注我。我确实像你说的一样，是一个做事有计划、有条理的人。你说得有理有据，我深表认同。

在听到夸奖之后，孩子通常会更多地跟你分享他玩乐高玩具时的感受，比如他遇到的困难，以及他是如何解决这个难题的。因为，猫头鹰型孩子的核心词是责任感，他们会欣赏具有认真、细致品格的人，而且也很喜欢解决难题。成功地解决问题，会大大提升他们的自信心。

你也可以把这样的夸奖方式套用在职场中，夸一夸团队中猫头鹰型的员工。你可能会惊喜地发现，他们的工作热情被大大激发了！

第二节　更多案例和练习

不同性格的孩子，生活的家庭环境不同。

不同性格的孩子，面临的挑战不同。

不同性格的孩子，具备的潜能也不同。

有些家庭有不止一个孩子，并且孩子的性格都各不相同。

在第一节，我介绍了4种不同性格的孩子，眼珠抖动与性格的对应关系，并且给出了相应的练习。这一节，我会给你亲子游戏的工具箱。

这部分参考了《游戏力》和《倾听孩子》两本书的核心理念。

在《游戏力》中，作者劳伦斯·科恩（Laurence Cohen）博士跟读者分享了上百个游戏。其中一些游戏我做了一些微调，咨询效果非常好。我认同科恩博士的观点：玩耍，可以解决90%以上的教养问题。

在《倾听孩子》中，作者不仅分享了游戏的功效，还分享了在游戏前、游戏中、游戏结束后倾听孩子、跟孩子进行语言和身体上沟通的规则。

很推荐家长们去读一下，不论你的孩子目前几岁，你都会从这两本书中有所收获：

《游戏力：笑声，激活孩子天性中的合作与勇气》：劳伦斯·科恩著，中信出版社，2018年。

《倾听孩子——家庭中的心理调适（第3版）》：帕蒂·惠芙乐著，北京大学出版社，2016年。

老虎型孩子的游戏

老虎型的孩子，通常都很有自己的想法。但是，如果老虎型的孩子把情绪都压抑在心里，很可能压力会升高，在压力达到一定程度的时候，就变得具有反叛性。这个时候，爸爸妈妈就会觉得孩子怎么不像小时候那么听话了。

如果你观察到孩子跟你对着干，脾气暴躁，动手打人，开口骂人，做一些破坏性的行为，很可能孩子已经积攒了很多的情绪。

家长也要反思自己的养育方法，是否限制太多，总是控制，无法让孩子获得自由的探索。

限制的语言比如：你不能爬上去，会摔下来；你不能乱扔玩具，要收拾整齐；你不能打别的小朋友。

"你不能"的语言，伴随着严肃的表情、很大的音量，会让老虎型的孩子暂时听话,但是冲突很快又会发生。

对于老虎型的孩子,如何通过玩耍解决冲突问题呢?

根据我的对视观察和一对一咨询,我给出以下建议:

(1)老虎型的孩子喜欢挑战,所以要有清晰的游戏目标。比如,看谁先达到目标,看谁第一名,看谁最先完成。

(2)老虎型的孩子会挑战父母的边界,看父母是否真的爱自己。看起来很顽皮的孩子,有的时候也是想哄父母开心,希望父母不要那么严肃,有点幽默感。

(3)老虎型的孩子还希望有宽广的地盘和自由度。所以,如果家长侵犯了孩子的边界(包括时间边界、身体边界或空间边界、物品边界),老虎型的孩子就会很容易爆发强烈的情绪。对于边界这一话题,请参考案例 20"一家三口竟然都是老虎型? 到底谁是老大?"。

老虎型的孩子非常喜欢他人的认可和赞美,而且是照单全收。这一点跟猫头鹰型的孩子非常不同。

针对老虎型的孩子,推荐以下游戏,供你参考。

练习6 爱自己,拍这里

老虎型的孩子,普遍抗压能力比较强,但代价是把压力都放在心里或身体里,不懂如何舒压、放松。

我们的身体就像一个存储硬盘,情绪和压力会在这个硬盘里面一直存储着。即使你长大了,这个情绪还是在硬盘中,从来没有做过硬盘清理。即使你已经忘记了硬盘中还保存着这些文件,并不代表这些文件不占用你的系统,更不代表这些文件不会对你的操作带来影响。

如果你能够清理你的情绪硬盘,就好像电脑多了很多存储空间一样,是不是用起来超级爽? 清理了"硬盘"之后,你的身体也会感觉很爽。

老子曾经说过,要修炼"复归于婴儿",也就是让我们不断清理积攒的无效或错误的信念,清理歪曲的记忆。这是内在心灵的断舍离。

"爱自己,拍这里"的游戏,就是让孩子通过叩击的方式,减轻压力,释放身体的硬盘中积攒的负面情绪和不舒服的身体感受。

请记住一句话:先解决情绪,再解决问题,不要只讲大道理。

如果孩子身体里还有不舒服的感受,家长就开始讲道理,就开始下命令,孩子是很难接受的。前面讲过,在杏仁核工作时,理性思考功能的前额叶不工作。在职场中,要做员工的思想工作,希望员工改变行为时,也要先解决情绪,再解决问题。

EFT 这个方法,我在第一本书里也讲解过,如果你想进一步研究,可以在网上搜索"EFT"获得更多信息。

EFT 情绪释放技术(emotional freedom technique)是美国心理工作者加里·克雷格(Gary Craig)牧师,根据罗杰·卡拉汉(Roger Callahan)博士的思维场疗法(thought field therapy,简称 TFT),另行发展出来的一种情绪释放技术。它可以迅速有效地在几分钟之内,释放掉负面情绪的一些心理创伤和阴影。这个方法是基于中医经络穴位的理论,加上现代人对身心交互作用的理解,针对人体重要的几个位置(类似于中医的穴位),进行适当的敲打,并结合当下的情绪描述的词语表达,就可在几分钟内释放某一个负面情绪创伤。

下页图是敲击的一些位置。通常是按照数字,从数字 1 到数字 7,每个点敲 10 下左右。

针对孩子,可以不用敲击所有 7 个位置,只需要帮助孩子找到一个情绪储存的核心点,敲击这一个点,就可以起到良好的作用。

曾经有个 6 岁的男孩子,要参加一场考试。孩子妈妈说,在考

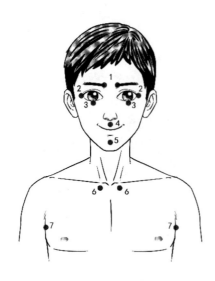

试前两天，孩子到晚上 12 点了，还是睡不着觉。孩子自己也说有些压力，问了好几次："妈妈，如果我考不上我喜欢的小学怎么办？"

针对这样的情况，我就教给孩子的妈妈 EFT 的方法。

过程如下：

第一步，找到身体的一个疼痛点。疼痛点不一定是疼的地方，也可能是感到痒、麻、堵、酸、胀的地方。

第二步，找出疼痛点的情绪，比如是悲伤、愤怒、委屈还是紧张等，找到一个情绪词。

第三步，一只手的五个手指尖聚拢，变成像小榔头一样的形状（不是握拳）。

第四步，用五个手指尖一起敲击疼痛点，并且重复一个固定的句子。可以大声说出这个句子，也可以在心里默默重复这个句子。

第五步，句子有一个固定的模板：即使我_____（在下画线的位置，填上找到的情绪词），我依然百分百爱自己，百分百接纳自己。比如：即使我很愤怒，我依然百分百爱自己，百分百接纳自己。

第六步，在这个身体痛点上连续敲击 10 次。敲击之后，再次感受身体的疼痛点。如果用 1 到 10 表示疼痛指数，10 分最强烈，看看疼痛指数是否降低了。

你可以用自己的手去叩击孩子的核心点，也可以让孩子自己去敲。如果是因为生气造成的，就让孩子一边叩击，一边对自己说:"我这里感受到很生气。"不断重复这个句子,同时不断地叩击。直到孩子深深呼出一口气。这时候,卡在身体里的情绪就通过这口气,出来了。

通过 EFT 的方式先解决孩子的情绪,接下来再解决孩子的问题。

当孩子不再哭闹了,继续叩击直到孩子平静下来,然后可以尝试用语言沟通了。这个时候,就要再次使用刚才的语言沟通技巧,给孩子一些选项,让他做出选择。而这个顺序,跟大脑的信息加工处理方式有密切联系。

我们情绪脑(即杏仁核)的反应是非常迅速的,当我们有情绪的时候,我们大脑的前额叶负责思考的部分,以及左半脑负责分析语言表达的那个部分,都是不工作的。因此,只有让情绪脑的部分不要过于活跃,冷静下来,大脑前额叶和左半脑才可以正常工作,才能够通过语言表达我们内在的感受,表达内心的期待和需求。

为了方便记忆,可以把这个工具压缩为四步:

(1) 找到身体上最不舒服的一个点。

(2) 找到这个点对应的情绪词,比如"生气"。

(3) 合并一个手的五个手指尖,像一个小榔头一样,叩击找到的那个点。

(4) 一边敲,一边对自己说带有情绪的句子,比如:"我这里感受到很生气。"或者:"即使我很生气,我依然百分百爱自己,百分百接纳自己。"直到深深呼出一口气,停止,结束。

这个 EFT 的工具非常有效,不仅适合孩子,同样也适合成年人。

我曾经给一个年轻的妈妈做咨询。她说在 2017 年因为跟人产生争执,感到胸闷。当时的胸闷分数达到了满分 10 分,感觉自己都喘不过气来了。到 2020 年,她找我咨询的时候,即使已经 5

年过去了，可一想起往事，胸闷的分数还有 7 分。

跟她做了 EFT 的敲击练习之后，短短 20 分钟，她胸闷的分数，就从 7 分降到了 2 分。

我还跟她开玩笑，不用等 10 年，不必按照每年降低 1 分的速度，解决胸闷的问题。

接下来是给老虎型孩子家长的另一个练习——练习 7。

❀ 练习7 快来表扬我

老虎型的孩子大多很喜欢公开的赞美和鼓励。所以，语言上的称赞会让孩子更有自信。

在我咨询的家庭中，很多家长有一个误区，认为总夸孩子，孩子会变得骄傲，会更不听话。

这些家长也许是在批评声中长大的，所以每天在家都开展"批评与自我批评"。但是，我们要学习思考，大约 30 年前我们接受的教育方式，是否适合今天的 00 后孩子们呢？

耶鲁大学的保罗·布卢姆（Paul Bloom）教授说，孩子都是父母雕刻出来的。

我很认同这句话。

你是用冰冷的金属工具雕刻孩子并且要他/她符合你的期待，还是温柔地用砂纸打磨并尽量维持孩子的原貌？

又或者你只提供给孩子工具，不论是金属工具、砂纸，还是各种颜料，让他们发挥自己的创造力，让他们自己去雕琢自己的样子呢？你又能否带着欣赏的目光，看着孩子自己打造出的样子呢？

当你面对老虎型的孩子时，如果放下那些冰冷的金属工具，而是用温柔的砂纸，聪明的老虎型孩子，自己会去寻找适合自己的工具。

所以，我们要逐渐转变观念，好孩子是可以夸出来的。但是怎么夸孩子,真的是一门学问。而不是仅仅说"你很棒""你真厉害"。这里,我再向你推荐一本书。

《给孩子适龄的正面管教》这本书特别强调了表扬的注意事项:如何回应孩子,如何让孩子因你的表扬变得越来越好,而不是变得自大和不好管教。

书里面特别强调了一点:到底如何培养孩子的自信和自尊。

图书信息:《给孩子适龄的正面管教:培养自尊自信自立的孩子》,(丹)杰斯珀·尤尔著,机械工业出版社,2016年。

那么怎么夸奖老虎型的孩子呢?

原则:**看到行为背后的美好意图。**

案例 9 我家儿子在学校老喜欢碰同学一下这里,碰同学一下那里,老师经常跟我告状,怎么办?

2019年的9月,有一个妈妈约我做一对一的咨询。她说她8岁的儿子,在学校总是被老师批评。有一天他动手打了同班的另一个男孩子。对方家长都到小区来找她理论了。而且小区里很多人来来往往,让她很难堪。

应这位妈妈的要求,我跟男孩进行了对视。

果然不出我所料,这个8岁、上二年级的男孩子是一个老虎型。眼神坚定,眼珠抖动为0。

之后,我又跟孩子的妈妈对视了一分钟。妈妈的眼珠抖动是考拉型,振幅20左右。这下我就知道问题的原因了。

对于考拉型的人,非常看重大家的感受。希望你好,我好,大家好。为了达到这个目标,考拉型的人会选择自我牺牲。

孩子妈妈在跟我沟通的时候,重点围绕以下两点:

一个是目前孩子在学校跟同学打架的紧急事件如何干预。

另一个是孩子平时的教育和管理,比如早上不起床,经常迟到。作业不专心写，一会儿干这个，一会儿干那个。

从这个妈妈的描述中，我知道很大的原因是 8 岁的孩子已经不是 2 岁时候的样子了。如果还按照以前的吃饱、穿暖、睡足的方式去管理，是完全行不通的。随着孩子的成长，父母一定也要成长，并且要培养孩子自我负责、自我管理的能力。当然，父母，尤其是母亲，付出了那么多，又要上班又要管孩子，每天这么辛苦，真的太难了。

我曾看到过一个视频。一个爸爸坐在书桌前，桌子上放了 4 个手机，2 台 iPad。他心急如焚地问儿子：你的语文课文背完了没有？儿子小声说：快了。爸爸说：你赶紧的。那你的英语单词默写好了吗？儿子又小声说：快了。爸爸听到这里忍住了，没发飙，说：你快点吧！你是我爸爸，你是我小爸。这一天天的，学习都成我的事了。

视频评论区里面，有很多跟帖。可以想象，家庭作业写成这个样子，不是一个家庭的问题，而是整个社会的现象。作为家长，白天要上班，晚上要辅导熊孩子做作业，还有各种课外辅导兴趣班要接送，做家长真的太难了。

站在孩子的角度，一大早就要起床，背着沉重的书包上学去。在学校可能挨老师批评，或者被同学欺负，回家再被家长训。一天下来，双重打击。这样的孩子早上一定不愿意起床，一定不愿意上学，因为上学是一件让人痛苦的事情。

可是，学习是每个人的天性，是从出生就开始的工作。每个人只有通过不断学习才能让自己的精神胚胎得以成长。在家庭教育中，家长需要思考和学习如何让孩子发挥他们学习的天性。

再回到这对母子的案例。我跟孩子进行了一次简短但是深入的对话。

对于老虎型的孩子，要不断夸奖，通过夸奖了解他们行为背后的需要。当这个需要被了解之后,可以让孩子选择用不同的行为方式去实现。很多时候,孩子是因为不知道有其他行为可以选择,而只能用同样的行为,一次次去实现自己的期待和需求。

首先,我夸这个8岁男孩做事很有目标,并且有行动力,也很有领导能力,并且口语表达能力也很强。

听我这么说,男孩子笑了。他更靠近屏幕,想要更仔细地听我说话。

接着,我说:"跟你对视之后,我发现你最近的压力有些大,很多事情都放在心里,没有说。可能没跟老师说,没跟父母说,甚至都没有跟最要好的朋友说。是有什么心事吗?"

这时候,妈妈在一旁说:"他想竞选班长,没选上,可能是因为这个吧?"

听到妈妈这么说,我就问孩子是不是。他说:"是。"

太棒了,我们找到了孩子的需求,他想当班长。

那他为什么想当班长呢?(明确原因和深层动力。)

我继续问孩子。

孩子说,他们班纪律一直不太好,老师总是批评他们班。所以,他想当班长。这次跟班里同学打架,也是因为这个同学上课说话,他想阻止。结果下课之后,两个人就打架了。

我紧接着问孩子:"你想当班长,想让班里同学都不再被批评,而是被老师表扬,对吗?"(询问孩子的美好意图。)

"对。"

"那你认为,什么样的才算是一个合格的好班长呢?"

小男孩歪着脑袋思考,爸爸坐在一旁微笑,妈妈也用期待的眼光看着孩子。

孩子过了一会儿说:"好班长要学习好、纪律好、体育好。"

我继续问:"除了学习好、纪律好、体育好,还需要什么才能做一个合格的好班长呢?"

"还有,上课不迟到。还有,帮助同学。还有,帮助老师。"

"太棒了。还要做一个帮助他人的人。"

"还有吗?"

"还有,听爸爸妈妈的话。"

听到这里,妈妈眼圈泛红了。(看到这位妈妈泛红的眼圈,我猜测,妈妈对家庭的付出,并没有获得足够的认可和尊重。)

孩子没有更多关于好班长特质的补充之后,我又接着问:"你觉得,你现在需要改变些什么才有机会成为下一届的班长呢?"

孩子这个时候从坐着的小板凳上突然站了起来,说话语气立刻变得更有自信,他说:"我自己上课遵守纪律,不迟到,好好学习,争取做全班第一名。"

坐在一旁的爸爸和妈妈听到孩子这么说,都微笑了起来。

接下来,按照这个方向,我又继续问孩子:"假如你已经是班长了,如果班里同学上课说话,你怎么办呢?"

"我立刻制止他。"

"好,除了立刻制止他,你还有什么办法呢?"

"我举手,跟老师说。"

"很好,你举手,就是尊重正在上课的老师。你是不是说,做班长还要帮助老师?"(我再次确认孩子的美好意图,并且用他自己的语言描述他的美好意图。)

"嗯。"

"好,还有什么办法?"

"我下课去跟班主任说。"

"嗯,这也是一个办法。跟班主任说,让班主任来处理。还有什么办法?"

"嗯,嗯,我还可以下课之后跟这个同学说,让他以后不要上课说话了。这样老师可能会表扬他。"

"这个方法也很好,你直接跟同学说。而且你刚才还说要帮助同学,让同学不被老师批评,获得老师的表扬就是在帮助同学。"(再次用孩子自己的语言表达他的美好意图。)

"你已经自己想到这么多办法了,你要不要也问问你的爸爸妈妈,看看他们有什么好方法,也可以帮助你跟这个上课说话的同学处理好关系?"

孩子就转过头问:"爸爸,你有什么方法呀?"

爸爸笑着说:"你可以下课之后,搂着这个同学的肩膀说'咱们都是好朋友,上课认真听课',跟他一起玩一会儿,你们俩就都不生气了。"

"嗯,可以。"

"妈妈,你有什么方法呀?"

妈妈笑着说:"你还可以跟他很客气地说'我是不想老师批评你上课说话,你别生气了'。"

"嗯,我知道了。"

看到爸爸妈妈分别给孩子支招了,我最后还问了一个问题:"小朋友,现在已经有这么多方法了,你觉得哪个方法最好?"

小朋友想了想说:"我下课跟同学直接沟通。"

说到这里,跟孩子的沟通就基本完成了。这时候,我就准备跟父母总结,结果小男孩说:"老师,等一下。"

小朋友跑到他自己房间,拿了一本书,是关于宇宙的科普读物。然后,突然问我:"老师,你知道宇宙是怎么形成的吗?"

孩子如果欣赏喜欢一个人,就特别愿意和对方分享。我就听他继续说:"老师,宇宙是大爆炸形成的。"

我继续夸他:"你知道的可真多,小小年纪就看宇宙形成的科普画册了。知识面很广啊!"

妈妈在一旁说："经常放学回来不写作业，先看这些闲书。"

我并没有接妈妈的话。我继续对孩子说："你看这些书，扩大知识面非常好，也会帮助你未来学习的。不过咱们现在还有很多作业，先写完作业再看书，而且作业写完越早，是不是就有更多时间看你喜欢的书了？"

小朋友站得笔直地说："是的。"

小朋友接着说了一大段让我很惊讶的话，他说：一个人要控制自己的情绪而不是被自己的情绪控制。好比一匹马，要驯服它。如果山倒塌了，马不会被惊吓，而是被驯服之后静静地站在那里。

我很惊讶，问孩子："这些话你跟你的爸爸妈妈说过吗？"

"没有。"

"原来你的思想这么深刻啊！"

我转向爸爸妈妈说："你家儿子真的很优秀，他看的这些书对他产生了很多积极的影响。他是非常有潜力的好孩子，是很有领导力的。要学习把他这个好种子放在肥沃的土壤中，好好培养啊！"

爸爸和妈妈听到我这么说，也很开心地点头。这个时候，孩子又说话了，再次让我感到很惊讶。

"老师，我和我爷爷以前把种子放在土壤里3个月都没有生长，但是后来把种子放在水泥地上，15天就长出来了。"

"真的呀？什么种子这么厉害，在水泥地上长出来了？"

"是的，而且种子没有被鸟吃掉，却获得了阳光雨露，生根发芽了。"

听到孩子这样说，我立刻补充道："小朋友，你可能也像这颗小种子，在看似肥沃的土壤里没有生根发芽，但是你在看似坚硬的、不适合生长的水泥地上，长了出来。也许这些鸟就像批评你、打击你的人，并没有打击到你。你获得了书中的智慧和来自家人的鼓励,就成长起来了。对不对?"

小男孩听到这里,继续笔直地站在摄像头前,说:"是的,老师。"

最后,我说:"老师很喜欢你,觉得你很有潜力,咱们坚持严格要求自己,下次班长竞选等待你的好消息!"

小男孩笑着说:"谢谢老师!"

这次沟通之后,隔了2个月,我再次回访小男孩的妈妈。孩子妈妈说,孩子情况好转了,早上还会早起5分钟,读英语单词,或者背课文。老师也没有再批评孩子了。

总结这次跟8岁孩子的沟通,我哪些地方做对了呢?

第一点,用提问的方式,了解孩子行为背后的动机和需求。

这是我在学习教练技术时众多收获中的一点。沟通的前提是理解对方。如果你都不理解对方行为背后的需求,只凭自己的臆想,戴着自己的有色眼镜看对方,只会产生很多的误解与分歧。

第二点,提问的时候,我是带着对孩子的好奇去提问的,我不是带着指责和评判去提问的。这个好奇,是带着平等的态度去提问。如果带着指责和评价去提问,就会给对方高高在上的感受,对方很难讲出自己的心里话。

第三点,在提问中采用对方的核心词。比如,在这个案例中,我问孩子为什么想当班长。孩子说,他们班纪律一直不太好,老师总是批评他们班,所以他想当班长。这次跟班里同学打架,也是因为这个同学上课说话,他想阻止。结果下课之后,两个人就打架了。

我在紧接着的提问中,就提取了孩子回答中的关键词"老师批评同学",并且对它做了延伸,提炼出"希望老师表扬",把这两个核心词,整理成我接下来的提问。

我紧接着问孩子："你想当班长，想让班里同学都不再被批评，而是被老师表扬，对吗？"

通过这样的问题，孩子会觉得你理解了他的意思。你用了他的语言，就是跟他保持同样的频率，孩子就在内心跟你靠近了一步。所以，孩子不需要更多语言的解释，他只回答了一个字"对"。

这个方法就是模仿。

之后，我又继续问："那你认为，什么样的才算是一个合格的好班长呢？"

孩子回答："好班长要学习好、纪律好、体育好。"

这里的关键词，就是"学习好、纪律好、体育好"。所以在后面的提问中，你要重复孩子的核心词。所以我接下来的问题是这样问的：

"除了学习好，纪律好，体育好，还需要什么才能做一个合格的好班长呢？"

因此，作为家长，跟孩子沟通的时候，一定要学会说出孩子的关键词，并且适当做延伸。这时候你提出的问题，很自然就避免了高高在上式的提问。

第四点，也是最后一点，要学会问："还有呢？"

孩子跟同学发生冲突，看似是为了阻止同班同学上课讲话，其实孩子内心还有一个需求：希望获得老师和同学的关注。这一点我在一对一跟孩子沟通的时候，并没有说出来。因为很多老虎型的孩子，是非常渴望受人瞩目的。他们天生是有领导能力和影响力的，在家里很容易获得家人的关注。可是到学校之后，一个班级中几十个学生，老师没办法关注到每一个学生。因此，老虎型的孩子就会想方设法获得老师和同学的关注。有的是通过努力学习，有一个好成绩获得关注。如果这个方法行不通，那就只能通过上课说话，找点事情，甚至是违反纪律来获得老师和同学的关注。那为什么老师和家长批评孩子,孩子还是不改正呢? 一定是被批评这个行为在某种程度上满足了孩子内心的需求。很可能在孩子心中,被批评等于被关注。

如果家长希望孩子不被老师批评,就需要想办法提供关注,用其他关注的方法代替批评。

在这个案例中,我们就要通过提问,不断深挖孩子的内心需求。所以,在重复了孩子的核心词语之后,再加上一句"还有呢?"这能让孩子自我思考。很多时候,孩子是愿意继续思考的。孩子是可以感受到你的态度是平等的,还是打压的。当你带着好奇心和帮助孩子探索他们内在的语气去跟他们沟通,用这个小句子去提问时,很多时候,孩子会给你惊喜的答案。

总结一下跟孩子提问的四步法,也是给你的第 8 个练习。

(1)用提问的方式,了解行为背后的期待和需求。

(2)带着好奇心去提问,放下批评和指责的语气。

(3)找出孩子回答中的核心词,在提问中重复核心词,并适当延伸。

(4)加一句"还有呢?"这能让孩子进一步思考。

🌸 练习 8　提取孩子话语中的核心词

跟孩子玩看图说话的游戏。这个游戏需要的材料可以是三幅图(孩子自己画的,家长画的,或者网上找的图画),也可以借用 OH 卡等图卡。

请孩子看着这三幅图,把三幅图的内容编排在一起,讲一个故事。注意孩子使用的名词、动词、形容词和副词。

然后,家长重复孩子的话,特别要注意重复孩子使用的动词。

这个练习可以锻炼孩子的思维能力、创造能力和口语表达能力。同时,家长可以锻炼倾听能力和专注力。

根据孩子使用的动词，帮助孩子概括出这个故事的核心词语是什么。这个核心关键词，很可能就是你孩子目前关注的焦点。

❀ 练习9　提取成年人话语中的核心词

如果你觉得跟年幼的孩子完成练习8有挑战，或者孩子不太爱说话，你可以先练习如何提取成年人话语中的核心词。当你完成这个练习后，你会对你自己和练习伙伴有更深入的了解。这绝对是一个高能量的练习。

这个练习，是我在参加 Paul 博士教练技术的课程中做过的练习。这个练习的原名叫"核心价值观的 30 个强有力的问题"。我对这个练习印象非常深刻。不仅仅是这个练习花了我 2 小时才完成（我和同班同学小组共同完成），更是因为答完 30 个问题之后，我突然发现我对自己的认识更加清晰了。我发现原来我的核心关键词竟然是"学习"。发现了这个核心词之后，我终于可以理解并且解释我的很多行为，为何在那个时间点我会做出那样的决定。这个词仿佛是一根丝线，把我曾经做过的重要决定像珠子一样串了起来。也因为这个练习的完成，我更加明晰了我未来要做的事，要走的路。也就是从那一刻开始，我"学习"对视一分钟，"学习"观察并感知人，"学习"做演讲，"学习"写书，"学习"每年完成 100 本书的阅读，"学习"写公众微信号，"学习"做直播，"学习"做一对一咨询，"学习"帮助别人学习和成长。

我好像突然找到了丰富的地下水源，击穿了坚硬的岩石，水源源不断地冒了出来。而这个水，就是我无限的潜能。

我真的感受到了潜意识的力量在迸发，不断支持我行动，产生结果。

特别提醒，最好是 A 和 B 两个人一组进行练习，A 负责念题目，B 负责回答。在 B 回答的过程中，A 还要记录关键词。完成 30 个题目后,B 统计重复次数最多的词语,这就是 B 的核心词语。(比如我,"学习"就出现了高达 36 次。)

接下来轮到 B 念题目做记录,A 回答。之后统计,找出 A 的核心关键词,也就是 A 的核心价值观了。

如果你实在不知道找谁来帮你(你要反思,为啥你连个这样的朋友都没有),你也可以选择录音。自己念一遍题目,然后自己回答,并且将自己的回答录下来。之后回放录音,做笔记,找出你的核心关键词。

我不建议你去手写答案,而是直接说出来。因为,在说话的时候,你会有语音、语调等情绪的传达,会调动更多的身体部分,启动更多功能协同工作。

你也许听说过一个研究,心理学教授艾伯特·梅拉比安博士(Albert Mehrabian)研究称,人的信息传递中,7% 来自文字本身,93% 来自身体动作和语音语调。

套用一个公式:

沟通时信息的全部表达= 7% 文字内容+ 38% 声音+ 55% 肢体动作

所以,特别建议你说出来,让你全身心地投入这 30 个问题的回答中。你投入越多,你的收获可能就越多。

30 个问题如下:

时间线	强有力的提问
关于过去的提问	1. 你从过去学到了什么? 2. 你小时候最尊重的人有什么样的品质和性格? 3. 你最讨厌的人有什么样的品质和性格? 4. 当你想起你的父母时,你最感激的一点是什么? 5. 在你父母身上,你不喜欢的一点是什么?

（续表）

时间线	强有力的提问
关于过去的提问	6. 你小时候对金钱是什么感受？ 7. 小时候，老师对你来说意味着什么？ 8. 想到关系，有什么词语出现在你脑海中？ 9. 如果用一个词总结过去，那是什么？ 10. 小时候，你一直想做的事情是什么？对你有什么意义？
关于现在的提问	1. 现在你总在思考什么？为什么？ 2. 现在的工作对你来说意味着什么？ 3. 你从现在的关系中学到了什么？ 4. 精神上，你想要自己的孩子去体验的一点是什么？ 5. 放松，闭上眼睛，聆听你的身体，你的身体在告诉你什么信息？ 6. 你尊重的一个人，你真正喜欢他身上的一点是什么？（以前不尊重，现在尊重他/她了。） 7. 你为什么要发展自我觉察（在工作、生活中）？ 8. 什么让你开心？（以前不知道这让我开心，现在知道了） 9. 关于生活，你的一个新发现是什么？为什么？ 10. 最近什么让你不开心？为什么？
关于未来的提问	1. 在你的葬礼上，你最想要听到你的亲朋好友如何评价你？ 2. 在你的葬礼上，你最不想听到的评价是什么？ 3. 当你离世之后，人们给你拍了一部电影，你想要这部电影的主题是什么？ 4. 你离世后，人们为你写了一首歌，你想要这首歌的主题是什么？ 5. 你的墓志铭上如果只写一个词，你想要什么词？ 6. 你一辈子都不想听到的一个词是什么？ 7. 你为人类做了一个贡献，这个贡献会是什么？ 8. 将来，如果要让全世界听到中国，你想要他们体验到什么？ 9. 如果你能成为一个有影响力的人，这会对你周围的人的生活产生怎样的影响？ 10. 在10年、20年之后，你不想让自己的孩子经历什么？

接下来是 30 个问题练习的进阶版,你可以选择做或不做。

选出你的回答中出现的所有负面词语,将负面词语改为正面词语。

比如,经常出现的负面词语是"失望",思考在你心中,失望对应的正面词语是什么。也许是"期待",也许是"喜悦"。每个人的正面词语可能不同,就按照你的方式,选择对应的正面词语。

找到所有的负面词语,并且做了正面转化之后,结合刚才选出的正面的核心词语,再做一个汇总。

汇总方法有两种:第一种是将这些词总结成一个词;第二种是统计出现频次最高的正面词语。这就是你的价值观,请牢记这个词。

也许,这个词像是一条线,会把你过往经历中的重要事件,像一颗颗珍贵的珠子那样串起来。

案例 10　孩子总是不爱说话,不知道他在想什么?

2019 年 8 月,我跟 6 岁的男孩——豪豪对视了一分钟。在这次直播前,豪豪的妈妈樊女士说:"豪豪很胆小,表达能力也差。幼儿园老师看到他经常一个人待着,不合群,都怀疑他是不是二次元宝宝。"

了解了宝妈的问题后,我和豪豪开始视频对视。

豪豪在整个一分钟对视的过程中还比较稳定。在后面 30 秒中,偶尔会把视线移开看向别处,但很快就会再次看着我的眼睛或者摄像头。

对视结束后,我问豪豪有什么感受,对我有什么评价。

豪豪不太爱说话,我就提问让他来回答。

"豪豪,你是不是很想笑?"

"是。"

"想笑却尽量忍住了,没有笑,是吗?"

"是。"

"有没有紧张呀?"

"没有。"

"你觉得老师是个什么样的人?"

"好人。"

我观察到豪豪说的话基本都是一个字、两个字的,"对""是""好",非常简洁,而且不时还会回头看看妈妈,仿佛要征得妈妈的同意后才可以说。

我给豪豪的反馈如下:

(1)性格:猫头鹰型、完美型,擅长思考。如果没有考虑清楚怎么说,就回答很慢或者很简单。他是一个讲话很负责的人,因此,思考的时间会比较久。

(2)当下的情绪和压力:最近有压力,在黄色区域。一方面,完美型宝宝希望尽善尽美,对自己要求很高;另一方面,也期待获得爸爸妈妈和老师的认可,也会给自己一些压力。因此,家长要学习耐心等待,给宝宝足够的时间和空间。

(3)原生家庭的影响:家里有一位比较严厉、要求严格的家长。我估计是妈妈的要求比较高。因此,建议妈妈可以蹲下身子跟宝宝沟通,并且耐心等待,放慢语速。

在对视一分钟的过程中,豪豪的弟弟跑过来希望获得妈妈和哥哥的注意,还在一旁大叫。可是我观察到,豪豪在这个过程中,完全不会被弟弟干扰,依然全程看着摄像头,看着屏幕中的我。

为此,我特别表扬了豪豪,说他非常配合,即使弟弟在旁边发出声音,他也不受干扰,非常认真负责,希望对视可以有最佳效果。这个时候,豪豪开心地笑了。我知道,豪豪,这个6岁的男孩觉得自己被理解了。

(4)豪豪的潜能:期待发现和探索科技相关领域。豪豪是一个善于思考和观察的宝宝,分析和整理数据的能力很强,动手能力也很强。这样的宝宝可以把想法落地执行。未来是可以在设计、工程研发、项目运营等方面进一步发展的。

因此，我建议家长带宝宝多去博物馆，看看自然、科技、生物等领域的展览。豪豪擅长的不是口语的表达，擅长的是思考，是可以往理科的方向培养的宝宝。

完美型宝宝，未来很有可能成为一位学霸哦！

豪豪听了我的反馈，给我打了9分，而满分是10分。真的非常感谢豪豪对我的认可。

樊女士提了一个问题：豪豪不善于表达自己的情绪，有时候沟通起来没有方向，非常困惑。

我就问豪豪是否喜欢画画或者写字。

樊女士说，豪豪不喜欢画画或写字，而喜欢唱歌和跳舞。（你看到了吗，即使是一个不爱说话的孩子，他还是会喜欢唱歌和跳舞的。因此，家长一定要耐心观察孩子的兴趣爱好，不要想当然地给孩子安排兴趣班。）

所以给樊女士的建议是：

选择四首歌，分别代表四种情绪：开心的歌，生气的歌，伤心的歌，让我一个人静静的歌。

当豪豪唱其中某一首歌时，就是对应他的这个情绪。

当我提出这个建议时，我问豪豪："用这样的方法跟妈妈沟通，你觉得可以吗？"

豪豪笑着说："好。"

妈妈听到之后，也立刻换成了轻松的语气说："好的。"

樊女士还问了第二个问题：在幼儿园，老师说豪豪总是一个人沉浸在自己的世界里，很容易在想自己的事情，好像很不合群，像是一个二次元宝宝。

我的建议是：

（1）完美型宝宝需要有自己的空间和时间，他们的思考就是他们的工作。他们一个人玩玩具的时候，就是在工作。这个时候不论是老师还是其他小朋友靠近他，跟他说话，都是对他工作的打扰。对于这样的打扰，他们是不开心的。

（2）可以转告幼儿园老师，豪豪会用四首歌来表达他的情绪，让老师也知道豪豪此刻的心情。当豪豪得到了老师和小朋友的尊重后，他会更专注于自己的工作，也更容易跟大家沟通。

对视结束后，樊女士也发来微信，对我表示极大的认可。

❀ 练习10　对于不爱说话的孩子，选择他们喜欢的方式表达情绪

根据豪豪的案例，你可以尝试跟你的孩子沟通，看他/她喜欢用什么方式表达自己的情绪？

通常可以围绕人类的四种原始情绪选择相应的表达方式：

（1）悲伤。

（2）愤怒。

（3）恐惧。

（4）开心。

如果孩子喜欢音乐，可以让他/她选出悲伤的音乐、愤怒的音乐、恐惧的音乐和开心的音乐。

如果孩子喜欢画画，那就问他/她用什么样的颜色或者线条表达这四种情绪。

如果孩子还不太懂音乐，也不会画画，可以让他/她选择用肢体动作表达，还可以选择用玩偶来表达。

在这个阶段，家长一定要帮助孩子建立起表达情绪的能力。

感受与情绪是不同的。

感受属于内在的感觉和知觉。一个人感受到感觉和知觉，会立刻产生情绪。这个速度是远远超过思维的速度的。

就像你突然看到地上有一条蛇，你立刻就会心跳加速，产生逃跑或者想要尖叫的行为。可是，如果你睁大眼睛仔细看，结果发现是一条塑料的假蛇，是别人给你安排的恶作剧。这个时候，你的思维会告诉你，没事了，是条假蛇，你是安全的，不用逃跑，更不用再尖叫了。可是，这个时候，你的心脏可能还是在加速跳动，手心依然冒汗，呼吸急促。

对于有精力自学的家长们，还可以进一步学习普通心理学中有关情绪的章节。本书不再展开。

我在前文中写过，需要先处理情绪，通过绘画、唱歌或者拍打的方式让情绪流动起来，而不是卡在身体中。之后，再通过语言描述给情绪一个名字，或者用比喻的方式描述情绪。通过这样的方式，让情绪脑逐渐平静，让理性脑逐渐恢复工作。这样，你就能从情绪中跳脱出来，理智客观地对待你面对的人和事了。

对于孩子，也是一样。他们产生情绪，这是本能，但是语言表达是要通过大量学习和练习才能掌握的能力。成年人说中文 20 到 30 年了，如果你要求 3 到 10 岁的孩子的表达能力跟你这个成年人一样，这是不切实际的要求。所以，家长们要耐心听孩子说话。

对于家长而言，首先要学会处理自己的情绪，让自己逐渐变得理智、客观、淡定，然后再教会孩子处理他们自己的情绪，也帮助孩子变得更加理智、客观和淡定。你只能教孩子你会的，没办法教孩子你不会的，这跟辅导功课是一样的道理。

所以，做家长，不是仅仅关注孩子的吃喝拉撒就行了，你还要学习很多，先学如何表达情绪，再学如何解决问题。

你也许会说，我小时候爸妈都没有这样照顾我的情绪，更没有教过我如何处理情绪，我不也好好的吗？如果你还有这样的想法，当然是可以的。但是请你看清现实，你小时候的社会情况跟你孩子现在所处的社会情况，已经有了天翻地覆的变化。随着科技的发展，人际关系的能力已经是核心竞争力了。

如果你还要"甩锅"给你的父母，说他们没教会你，你是否看到你没有主动学习，你放弃了自己的学习能力？说明你内心还是个没长大的孩子，是巨婴。也许我这句话说得太重了。但是我的目的不是要刺痛你，而是要提醒你：作为家长，如果你不成长，不改变，不用与时俱进的方法教育孩子，不教会他/她提升情绪管理能力和理性思维的能力，你的孩子长大之后，会有人教他/她的，更会有事情发生在他/她身上，让他/她明白情绪管理能力的重要性。但是那个时候，你的孩子要付出巨大的代价。也许到那个时候，他/她也会像现在的你一样说：在我小的时候，我爸妈都没教过我怎么管理情绪，是我爸妈的错！这是你想看到的结果吗？

6个月之后，我又做了回访。询问樊女士和豪豪做练习的情况。

结果樊女士说，豪豪不太懂这个音乐该怎么选择，所以一直都没有做。

我紧接着问：现在孩子是否更能够表达自己的情绪了？樊女士说：孩子现在高兴的时候，就会说"你是世界上最好的妈妈"；生气的时候就会说"气死我了，烦死我了"，还会摔玩具。

听到这里，我给樊女士又提出两点建议，核心是认可孩子的情绪，鼓励孩子表达情绪。

第一点建议，当孩子说"气死我了，烦死我了"的时候，樊女士也要模仿，说"豪豪气死了，豪豪烦死了"，而不要阻断孩子的表达，不要说"豪豪别生气了，豪豪别烦了"。这就是阻碍孩子去感受自己，阻碍孩子表达。

第二点建议，当孩子摔玩具的时候，樊女士也模仿孩子摔玩具。很可能这个时候，孩子会停下来看妈妈。这种模仿就是一种打断和干预。通过这样的干预和打断，让孩子意识到两点：一是扔玩具是可以的；二是妈妈是关注他的。孩子并不是为了扔玩具而扔玩具,这个动作的背后是有动力的。这个动力来自身体内在的感受和需要。可能在孩子摔玩具的时刻,妈妈只看到了摔玩具的行为,很多家长就会阻止孩子摔玩具,甚至会批评孩子怎么可以摔玩具,这样反而让孩子的情绪无法表达。正确的做法是看到摔玩具这个行为背后有什么需要没有被满足,有什么感受还没有充分表达。

家长为了学习表达孩子的需要,学习鼓励孩子表达情绪,可以从模仿孩子摔玩具开始。之后,妈妈要跟孩子通过语言沟通。

通过语言沟通

询问孩子需要的时候,要尽量得到孩子的确认,所以封闭性问题更加适合。

"你是不是很生气?"这样的问句要胜于"你怎么了?"

当家长问"是不是生气"时,孩子就会回答"是",或者"不是"。当然有些孩子可能还是会不回答。

但是如果你问"你怎么了?"这样开放的问题,孩子不知道从什么地方说起,是要说事实,说感受,说需要,还是说观点。

如果说事实,比如,这样的回答叫作事实:今天上午我在上语文课的时候玩橡皮,老师批评我了。

如果说感受,比如,这样的回答叫作感受:老师批评我的时候,我感到很委屈。

如果说需要,比如,这样的回答叫作需要:我想要老师表扬我,我想要妈妈抱我、夸我。

如果说观点,比如,这样的回答叫作观点:老师可以批评学生,但是不可以打学生。

所以,如果当你问孩子"你怎么了?"这样开放式的问题时,你希望孩子怎么回答你呢？你希望听到孩子什么样的回答呢？你是希望他回答你事实、感受、需要、观点中的哪一个或者哪几个呢？如果你不知道你的提问会有什么样的回答，很可能你孩子的回答并不是你想要的回答，也就是我们常说的"答非所问"。孩子为何答非所问？并不一定是孩子的问题，也有可能是作为家长的你没有问对问题。

那么，问什么样的问题，才可以获得你想要的答案呢？

还是以"你怎么了？"为例。

如果你想听到事实，你可以这样问：宝贝，妈妈（爸爸）看到你从学校回家到现在的一个小时都噘着嘴，也没有跟我说话，是发生什么事情了吗？

请注意，关键词"发生"指向的是"事实"。

如果你想听到感受，你可以这样问：宝贝，妈妈（爸爸）看到你从学校回来就一直噘着嘴，你有什么情绪吗？你是不高兴了吗？

请注意，直接询问"情绪"，孩子才会从情绪的词汇中选择回答。

如果你想听到需要，你可以这样问：宝贝，你刚才说被老师批评了，因为你上课玩橡皮，所以觉得很委屈。那你是希望老师表扬你吗？

很多时候，大家会错误表达，直接说："你是不希望老师批评你？"这句话本身没有错，但是，如果想要用更好的表达去引导孩子，可以这样说："你是讨厌老师批评你，希望老师表扬你，对吗？"

尽量用"希望""需要"这样表示意愿的词语连接正面的需求，而不要用它的否定形式连接正面需求。

比如，我说："你千万不要想粉色的大象，千万不要想粉色的大象。"

现在你的脑海中是不是出现了大象，甚至还有粉色的皮肤？

因此请用正面的词语表达需要，用负面的词语表达排斥和拒绝。

×我希望老师不批评我。

√我讨厌老师批评我。

√我希望老师表扬我。

如果你想听到观点，你可以这样问：宝贝，你刚才说你被老师批评了，感到委屈。你希望老师表扬你。所以你的意思是，批评让你没有自信，表扬你会让你更有自信。是这个意思吗？

请注意，关键词"你的意思是"是指向"观点"的。同时，也是指向一个人的深层价值观的。如果这个时候家长可以进一步挖掘孩子语言或者行为背后的信念和价值观，并且用孩子可以理解的语言说出来，孩子会立刻跟家长产生深深的链接。因为，每个人都渴望被看见、被理解、被接纳。当然，这样的语言表达能力是要练习的，没有人天生就会用这样的方式表达和沟通。

通过身体接触沟通

首先，要看着孩子的眼睛，并且跟孩子的视线平行。孩子在有情绪的时候还要抬着头跟父母讲话，真的会感觉到累。而且当有情绪的时候，孩子更多会选择低着头，这时候就更需要家长放低姿态讲话。

其次，在孩子有情绪的时候，先不要急于触碰孩子的身体，要让孩子学习感受自己的身体。可以这样问：

"你刚才说你气死了，烦死了，那么是身体哪里不舒服？是胸口闷闷的吗？还是脸热热的？"

也许孩子会说"胸口闷闷的"。

你要继续问："除了胸口闷闷的，在你刚才说生气的时候，身体还有哪里不舒服呀？"

也许孩子会说"头疼"。

也许孩子会说"没有了"。

如果孩子有好几个身体不舒服的地方，还要问："胸口闷和头疼，哪一个更难受呢？"

总之，在问孩子身体感受的时候，要问到他说"没有"为止。然后再问这几个地方中，哪里最不舒服。让孩子选择出一个。这个时候，再跟孩子一起处理。

这样的对话，就是让家长学会引导孩子感受自己的身体，并且尝试让孩子找到身体核心的感受点。这个核心感受点，也就是前面提到的叩击方法 EFT 中的身体核心感受点。而找到核心的感受点，还有一个很重要的作用：不舒服的点只是我身体内在的一个小点，不等于我整个身体都不舒服。

这样做的结果就是让孩子看到：

哦，原来我的不舒服只是在这个点上，它只有这么小一点点，我身体其他地方并没有那么不舒服。

哦，原来我是大的，不舒服的点是小的。

哦，不舒服的点和其他身体的感受都是在我的身体内，它们都是我的一部分。

哦，原来我是可以有很多选择的。我可以选择关注这个不舒服的点；我也可以选择关注身体其他舒服的地方；我还可以选择对这个不舒服的点进行处理，让这个点上卡住的情绪流动起来，比如用 EFT 的方式。我可以对这个点说"我这里很生气"，我也可以对这个点说"即使我这里感到很生气，我依然百分百爱自己，百分百接纳自己。"

哦，我原来还有很多资源可以借用，帮助我解决身体中这个不舒服的点，让这里变得舒服起来。

用一句话来总结，那就是：你不等于你的情绪，情绪只是提醒你，你有一个还没有被满足的需要。

作为家长，你要帮助孩子学会感受自己的身体，关注自己的情绪，用孩子自己的话来表达和描述情绪。家长除了问孩子"你有什么情绪"，还要给孩子提供更多情绪词语，让他们在多个身体感受中做选择。这样多做几次，孩子就能逐渐学会表达自己的身体感受和情绪了。

案例11 孩子不说话，是因为你没有问对问题

2019年11月，我跟亮亮——一个快5岁的男孩进行了对视直播。

直播开始前，宝妈阿莲发来长长的一段文字。可以看出，这位妈妈做事真的非常认真细致，并且真的希望这次直播能解决她的困惑。

家长诉求：儿子快5岁了，是什么性格？我好好说的时候，他半天也不回答我的问题。我一批评他，他就表现得很委屈。我们好话、坏话都跟儿子说了，作为家长到底该怎么沟通？

直播开始后，我发现亮亮这个5岁男孩笑起来天真烂漫。他的眼睛大大黑黑的，一看就知道是一个活泼的孩子。

一分钟对视

育儿师：阿莲，你家宝宝什么情况，有什么需要咨询的？

明天需要我重点反馈什么信息？

回复：有时候，小孩不爱听大人的话。比如：叫他洗澡，他愿意、开心就马上去洗澡；不愿意，就怎么叫也叫不动，好言好语的不听。有时候，说几句严厉的话才听。

之前送他上学也一样，发脾气不愿意上学，问他原因偶尔才挤出一两句话，不喜欢跟小朋友玩。但问过老师，又说他在幼儿园有跟小朋友一起玩。前段时间，就试过一次，打他一次，就再也没发脾气不上学了。

而且，感觉小孩说话不多，家长问他：你今天跟哪个小朋友玩？这些卡纸是哪个小朋友送给你的？家长都要问五六遍，偶尔才答一两句。开心的时候，就多说几句。但当家长要求他去捡玩具时，说他几句，立刻满脸委屈，不说话。
也不知道是不是父母平时跟他沟通少，还是父母本身说话方式的问题。好言好语的时候，小孩爱答不答。骂他几句，就满脸委屈，好像我们在逼着他去做事。例如，趁饭菜热自己吃饭，捡好玩具，不要整天光脚，要穿拖鞋等。

今天直播，我想知道，父母应该怎样跟小孩沟通？小孩的性格是不是会一直这样不爱说话，不爱答父母的话？应该着重培养他哪方面的才艺？

2019-11-05

性格：看到孩子妈妈发来的信息时，我估计小朋友可能是一个倔强的平和型。可是在对视一分钟的过程中，亮亮经常会躲避我的眼神，看看妈妈，或者笑到眼睛眯成一条缝，甚至完全看不到眼睛。

要捕捉亮亮的眼神，确实需要我十分认真和专注。终于有几个瞬间，我可以直接链接到亮亮的眼神了。天呐，亮亮竟然是个老虎型！眼抖是0，目光非常坚定和专注。

当下的情绪和压力：在这个坚定的目光之后，却出现了一丝伤感，淡淡的忧伤。

潜能：我很清晰地感受到亮亮非常会察言观色，他会先花时间研究、思考和分析，之后才会采取行动，是一个很有自我主张、做事情有规划的大老虎型。这样的孩子长大以后是相当有领导力的，是运筹帷幄型的人才啊！

对视结束后，亮亮跑开玩去了。可是他依然在镜头周围，听我给他妈妈的反馈。

在听过我以上的反馈之后，阿莲女士说，儿子确实很会察言观色。

我说："你儿子去外面玩，也许不会立刻跑进人群，而是在一旁观察。熟悉之后才会慢慢靠近。"

"是的是的。我还以为他是内向。"

"你儿子不是内向，你儿子是很聪明，会动脑子，想事情，是一个很会观察的孩子。就好像一只老虎来到了陌生的地方，一定会先视察过整个地盘之后，觉得安全了，才会靠近和融入。"

"老师，我还有一个问题，我平时跟他说话，有时候问四五遍他都不理我。"

"你可以举一个例子吗？"

"比如，我问他：这个玩具是谁的呀？他就半天也不说话。"

我继续问亮亮妈妈:"这个玩具是已经从幼儿园拿回家了吗?"

"是的。"

"你儿子当然不会立刻回答你了,因为他不知道你这个问题的意图是什么。他会想:妈妈是不是想让我把这个玩具还回去? 我如果说真话了,妈妈会不会又训我? 我怎么跟妈妈回答,她才会不训我呢?

你儿子会想很多,所以不会立刻回答! 因为你儿子是一个老虎型,这种性格的人非常注重价值。如果说的话、做的事没有价值,他是不会去说,也不会去做的。

所以,我给你一个建议,改变问问题的方式,比如刚才的玩具问题,可以这样问:亮亮,你今天拿回来的玩具是哪个小朋友的呀? 妈妈问这个问题的意思是,你可以邀请这个小朋友来家里玩,或者你有没有也送给这个小朋友玩具呢?"

"哦,我明白了。"

"另外,直播中,好像还听到有一个小孩子的声音,是还有弟弟或者妹妹吗?"

"还有一个妹妹。"

"有可能亮亮淡淡的忧伤,跟家里有了二宝有关。你是不是很少表扬老大,总是批评他很多?"

"是的,批评多,表扬少。"

"作为一个5岁的男孩,如果家里有了妹妹,对他的关注减少了,对他的批评却增多了,他内心肯定觉得妈妈和爸爸没有那么爱他了。所以,要多多认可和表扬老大呀!"

"嗯嗯。"

"最后,我还建议你学会做角色扮演。如果你的儿子喜欢蜘蛛侠,你可以说:现在你是蜘蛛侠,蜘蛛侠会怎么把玩具放回抽屉里? 是不是用蜘蛛丝,biubiu一声,玩具就都收起来了?"

"嗯嗯,明白了。"

"反馈结束了,阿莲女士,请给我打个分,1到10分,几分呢?"

"老师,我给你9分,真的很准确。我家孩子真的很善于察言观色。平时我们确实也是批评多、表扬少。不过你说他有领导能力和影响力,这个我真的没看出来啊,真的太出乎我意料了!"

"你的儿子非常善于观察,善于思考,这是一个爱动脑筋的权力型的表现。未来你可以更多地培养他的领导力。当然,你可以继续观察他的表现。"

直播结束后,我给亮亮妈妈阿莲女士的建议:

(1) 提问的时候,紧接着表达提问的意图,"妈妈问这个问题的意思是……"

(2) 有了二宝之后,还要多鼓励赞美大宝。

(3) 用角色扮演的方式,跟孩子一边玩耍,一边把该做的事情完成了。

一个孩子在家很活泼,在外面不活泼,是因为孩子要建立安全感。当这个安全感建立起来后,孩子就会不断向外探索,扩大舒适圈和安全区。当然,这跟父母能够发自内心地欣赏孩子,鼓励赞美孩子,是密不可分的。如果孩子内在的安全感建立起来了,在幼儿园或其他陌生场所,乃至长大后走向社会,就会一直携带着内心的这份安全感。

从亮亮和妈妈的这个案例中,你是否看到了这点:恰当地提问才能获得你想要的答案。所以,如何提问是一门学问。

针对老虎型的孩子,在提问的时候,一定要注意,加一个小尾巴"我问这个问题的意思是"。当你加上这个小尾巴时,你跟孩子之间的很多沟通障碍都会消失。孩子不是不想回答你的问题,也不是故意让你着急问四五遍不回答,孩子是真的不知道你要什么答案。他们的小脑袋瓜里的想法其实很多。但是他们的语言表达能力真的还需要不断提升。这个时期，家长不仅要学习如何提问，也要有耐心，注意提问的语气。不能孩子还没回答，自己就急了，自己反而先情绪失控了。

下面跟大家分享一下二宝家庭中赞美鼓励的游戏，也是练习1的升级版。

❀ 练习 11　我们一家人的 50 个优点

比如，一家四口，爸爸、妈妈和两个孩子，每人拿纸笔写这个作业。

爸爸先写自己的 50 个优点，之后写妈妈的 50 个优点，最后写孩子们的 50 个优点。

妈妈先写自己的 50 个优点，再写爸爸的 50 个优点，最后分别写大宝和二宝的 50 个优点。

孩子如果上小学了，孩子也要写，先写自己的 50 个优点，再写爸爸的 50 个优点，之后写妈妈的 50 个优点，最后写另一个孩子的 50 个优点。

完成第一步的书写之后，第二步要念给对方听。

座位的次序也很重要。爸爸坐在妈妈的右手边，孩子坐在爸爸妈妈的对面。如果有两个以上的孩子，那么老大坐在妈妈对面，老二坐在爸爸对面。也就是说，哥哥或者姐姐坐在弟弟妹妹的右手边。右边为大。

念的次序也很重要。从爸爸开始念。爸爸念的顺序是：先念自己的优点，再念妈妈的 50 个优点，然后念老大的优点，最后是老二的优点。爸爸念完，接着是妈妈念。妈妈先念自己的 50 个优点，再念爸爸的 50 个优点，然后是老大的 50 个优点，最后是老二的 50 个优点。等妈妈念完，最后轮到孩子。大宝也是先念自己的

50个优点,再念爸爸的50个优点,之后念妈妈的50个优点,最后念另一个孩子的50个优点。最后是二宝。

全部家庭成员都念完之后(这里的家庭成员先设为核心家庭,不扩展到外公外婆、爷爷奶奶、叔叔阿姨、舅舅姑姑等大家庭成员),一家人拥抱在一起,一起体会共同呼吸,一起体会相互的体温,一起体会彼此的心跳。

这就是一个非常棒的、震撼内心的家庭疗愈。

为什么50个优点的练习,有这么多座位次序的要求呢?

心灵疗愈的领域有一个分支叫家庭系统排列,由德国人伯特·海灵格提出。他和后来的家庭系统排列师发现,在家庭中是有系统动力的。而这个系统动力就像磁场一样,影响着系统中的每一个人。系统动力的目的是要达到平衡。如果出现不平衡,就会进行补偿,实现平衡。

在家庭中,父亲是首先出现的。所以先出现的为大。接着母亲出现,父亲跟母亲结合之后才有了孩子。因此,在家庭的系统中,父亲最大,接下来是母亲,孩子是最小的。

在家庭系统排列的大量实际案例中,排列师发现当父亲或者男性在右侧,女性在左侧时,是最稳定的。因此,50个优点的练习,也遵照男在右侧,女在左侧。同时,孩子的排列是右侧是老大,更小的孩子往左侧排开。这一点跟我们通常说的男左女右不同,请特别注意。

案例12 孩子7岁,在学校打架,怎么办?

2019年9月,有一位妈妈说儿子大睿已经7岁了,在学校还是会跟同学打架,并且总想争第一。不知道该怎么教育他,让他学会团结同学。

了解了宝妈的问题后,我先和小朋友对视,之后跟妈妈对视。

因为我希望通过对视家长,发现家庭教育中是否存在重大问题。

而这位妈妈也在我的提醒下,提前为儿子准备了礼物。如果儿子成功完成一分钟对视,做到不讲话,就可以获得六张卡片。

也许是因为有明确的奖励,在整个一分钟对视的过程中,大睿全程都很配合,坐在桌子前安静地完成了一分钟的对视。偶尔抿抿嘴,想要忍住笑。

我给大睿的反馈如下:

(1)性格:典型的老虎型。眼珠完全不抖动,目光非常坚定。我还看到小男孩看重结果,当结果跟自己的期待不一样时,很容易发脾气。优点是思维敏捷,行动快。

(2)当下的情绪和压力:最近有压力,在黄色区域,内心的情绪是不开心,甚至眼中还有泪光。

在对视中,小朋友自我介绍"我叫大 rui"。我问他是瑞雪兆丰年的"瑞",还是睿智的"睿"。这时候他立刻跑过来说"我写给你"。这就是一个关注结果、立刻行动的权力型宝宝呀!

跟大睿对视之后,我跟他的妈妈对视。她妈妈眼抖的方式有点特别,包含两种,主要是猫头鹰型性格,还带有一点考拉型的性格。因此,看到母子这样不同的性格,我就立刻知道冲突发生的原因了。

猫头鹰型的家长,会不由自主地看到不足和缺点,因为他们的目标是减少错误,越来越完美。因此,这位家长是一个擅长发现错误、发现问题的猫头鹰型。家长会把安全、整齐、符合规则放在第一位。而老虎型的孩子却完全不同,他们会把创意、尝试、打破规则放在第一位。

不同的性格,遇到同样的事情,看到同样的事物,会有不同的反应和行动。所以,这样的一对母子,沟通过程中有冲突是在所难免的。但从另一个角度来看,双方是在帮助彼此,开阔彼此的性格地图,打破他们的舒适圈,其实是在给对方送礼物。当两个性格不同的家人也能和平相处时,说明他们都成长了。在家庭中学到的沟通方式,也可以复制到职场中,也更容易跟性格不同的同事有效沟通。

老虎型的孩子喜欢创新,喜欢探索,所以会带着妈妈去一些她从未去过的地方探索,带着妈妈品尝她很少吃的东西,邀请妈妈做她从不会做的事情,孩子在扩展妈妈的世界。

猫头鹰型的妈妈关注细节,特别有责任心,侧重一个事情实现的可能性,所以会不断提醒孩子不要爬太高,不要乱放东西,不要这样不要那样,否则就会怎样。看似种种的束缚,对未发生的事情各种担忧,其实是想让孩子更加安全,更加容易被环境和周围的人接受和喜欢,妈妈在给孩子树立安全的边界。

直播中,大睿听到我说完这段话的时候,他转过头亲了一下妈妈的脸,妈妈立刻眼睛有点湿润了。

这个小动作又再次说明这个7岁的老虎型小男孩,会立刻采取行动表达自己的情感。而妈妈作为猫头鹰型就会把情感放在心里,只流露一点点。

可是,当双方不仅看到彼此的行为,而且理解了双方行为背后的善意、期待和需求时,冲突就慢慢消散了,爱就开始流动。

而对于兰兰女士提出的"孩子总爱打架,总想争第一,如何跟同学搞好关系"的问题,我给出的建议是什么呢?

首先,完美型的妈妈要学会先处理情绪,再处理事情。当大睿打架的时候,不论是大睿先打的别人还是别人先打的大睿,如果妈妈看到了,或者老师反馈了,可以采取以下步骤。

第一步:蹲下来,视线跟孩子保持平行。

第二步:搂着孩子,抚摸着背部,说:"妈妈知道你生气了,你不开心了,是不是?"这个时候千万不要说"为什么你打人,你怎么搞的?"这样的话。

第三步：一直抚摸孩子的背部,也许孩子会哭,或者一直握着小拳头生气,那就等待。

等到什么时候呢? 等到孩子深深地呼出一口气。这口气也许是难过,也许是生气。当这口气呼出来时,就表明情绪的部分已经差不多解决了。在这一步处理情绪时,也可以用前面提到的 EFT 叩击方法,找到孩子身体中最不舒服的那个核心点,然后一边叩击,一边让孩子说出自己的情绪。

同时,要注意,作为家长的你,打算引导孩子说事实、情绪、需要、观点四个中的哪一个? 如果你希望孩子四个方面都回答,那你还是需要一次关注一个点,一次问一个方面。切记,不要问"你怎么了?",而要问:"发生了什么?""你感觉到什么,你有什么情绪?""你希望的是什么,你想要什么?""你的意思是?"

让孩子先去处理身体内的情绪。这股情绪是一种能量,这个能量也是一种信息。信息会被储存和记忆在身体的这个核心位置。在我的第一本书《一分钟面对面识人》中,特别谈到了细胞对于情绪和信息的记忆理论,有一种叫作"肽"的物质,这里不再赘述。你可以参考这个理论,就知道为何 EFT 叩击方法这么重要而有效了。

到这里,处理情绪这一步基本就完成了,接下来要解决问题了。

第一步,问孩子事实是什么? 发生了什么? 耐心地听孩子说,一定要有耐心。

第二步,如果是孩子先打人,问问他为什么要打人,是不是对方说了什么话或做了什么事激怒了孩子。

第三步,如果是对方先打孩子,也要问清原因,发生了什么。

最后,还有一个很关键的地方,家长经常会犯错,就是家长替自己的孩子处理冲突。有些家长会动手打对方的孩子，甚至双方家长大打出手。

当两个孩子之间出现冲突时，家长要让孩子自己去处理和沟通。这个时刻是要培养孩子处理问题的能力。家长可以这样做，在双方家长在场或者老师在场的情况下，让孩子们直接沟通，教会孩子如何让对方道歉：我动手打你，是我不对，我向你道歉，对不起！你抢我的文具，不还给我，是你不对，你也应该向我道歉。

有的时候，孩子们之间还会有新的解决方案，非常有创意。

孩子学会了这样的沟通，对他未来在青春期成长，在成年期与人合作，都会起到非常重要的作用。

还有一点补充：道歉是冲突解决的最后一步。

没有道歉，只有对过错方的惩罚，这样的处理并没有结束。从心理学中格式塔学派的角度讲，没有道歉，对于冲突双方而言，都是一个未完成的事件。

什么是格式塔学派（gestalt）？

格式塔学派由德国心理学家马克斯·韦特海默（Max Wertheimer）、沃尔夫冈·克勒（Wolfgang Köhler）和库尔特·科夫卡（Kurt Koffka）创立，也叫完型心理学。格式塔学派认为，思维、知觉和学习等都应该作为整体进行研究而不能肢解。整体不能还原为各个部分、各种元素；整体先于部分存在，并且制约着部分的性质与意义；部分相加不等于整体，整体大于部分之和。

人的知觉会对物体、事件进一步加工，比如产生主观轮廓。在下页的两个图中，你一定能看到白色的三角形和白色的正方形。但是如果你仔细看，左边的图中，并没有三角形，而是三个带缺口的黑色正方形。右图中，也没有白色的正方形，而是四个带缺口的黑色圆形。

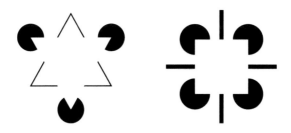

这么专业的心理学基础知识跟道歉有什么关系呢?

在我咨询的案例中,有一个小男孩,亲口跟我描述了一个校园霸凌的事件:他在中午吃饭的时候被同班的 10 个女生扇耳光。他当时并没有还手,而是继续吃午饭。吃过午饭之后才去告诉老师。最终的结果是小女孩的家长来见老师,而此后小女孩再也没有来幼儿园了。我问这个小男孩:对于这个结果满意吗? 他说满意。我继续问:你希望这个小女孩向你道歉吗? 他说:希望。

可是在一旁的妈妈后来反馈说,她觉得孩子在说谎,所以在当时得知这个情况的时候,并没有做任何实质性的处理。

事件虽然过去了 1 个月左右的时间,小男孩还是把这件事情拿出来,跟我在视频中表达出来。如果这个被打耳光的事情彻底结束了,翻篇了,为什么这个 5 岁的小男孩会在咨询中又提起这件事情呢? 就是因为他还有一个未完成的体验:获得应有的道歉。

如果没有在现实中获得小女孩的道歉,他就会在头脑中进一步加工这个事件。就像我们看前面这两幅画一样,不由自主地看到白色的三角形、白色的正方形,并且还会跟其他人说,看到了白色的三角形、白色的正方形。这个小男孩也一样,以为自己已经放下这件事情了,但是还会拿出来跟我讲这件事情,还会说现在想起来很生气,很想用学到的跆拳道动作"旋风踢"踢回去。

如果真的像孩子妈妈说的那样,小男孩是在"撒谎",那么撒谎的原因是什么? 孩子为什么要编一个这样的故事? 他是有什么情绪没有疏解，只能通过"撒谎""编故事"的方式，去排解自己的愤怒或悲伤的情绪呢？

咨询结束后的几天，我给孩子妈妈发去微信，孩子妈妈也给我回复了。具体对话如图：

原来,孩子为了维护妈妈的面子,跟老师说是有女同学打他的脸,跟我说有10个女同学打他的脸,而事实是妈妈曾经打过孩子的脸。而且妈妈内心也有自责,但是一直都没有跟孩子道歉。

从心理学的角度讲,孩子其实并没有"撒谎",而是在进行想象。彭聃龄老师的《普通心理学(第5版)》(P285)中特别讲到:

想象具有代替作用。当某些需要不能得到实际的满足时,人们可以利用想象得到满足或实现。

想象对机体的生理活动过程也有调节作用,它能改变人体外周部分的机能活动过程。近年来,生物反馈的研究发现,想象对人的机体有调节控制作用。

所以,小男孩因为妈妈曾经打过他的脸,他想象出在学校被打脸,然后告诉老师,请老师惩罚小女孩。但是实际上并没有这个小女孩存在。老师也没有批评这个不存在的小女孩,没有让小女孩请家长来谈话,更没有老师开除小女孩的结果。这些都是小男孩的想象。

而我在咨询中,让小男孩可以用语言表达心中的愤怒,并且踢打枕头,把枕头想象成这个小女孩。打完枕头之后,小男孩笑了,说没事了。

而视频结束之后,妈妈跟小男孩又真诚道歉了。

这样的结局,就是给未完成的事件彻底画上了句号。当一个事件完成了,画上句号了,就可以从被关注的事件,退回到不被关注的背景。小男孩就会把这件事情渐渐淡忘了。

因此,请家长一定要记住,冲突彻底解决的最后一步,是过错方真诚的道歉。家长能够给孩子一个真诚的道歉,亲子关系会更加和谐而紧密!

再回到直播中,当我跟大睿和她的妈妈说这些话的时候,我看到大睿一直在妈妈的怀里坐着,而妈妈也把大睿紧紧地搂在怀里。

最后，妈妈说，淼淼老师的反馈 99.99% 都是对的。妈妈一边说，一边笑，还说"太神奇了，一分钟可以看出这么多信息，而且确实解决了内心的困惑，非常非常感谢"，后来还发来了文字的反馈。

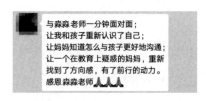

与淼淼老师一分钟面对面；
让我和孩子重新认识了自己；
让妈妈知道怎么与孩子更好地沟通；
让一个在教育上疑惑的妈妈，重新
找到了方向感，有了前行的动力。
感恩淼淼老师🙏🙏🙏

总结：

（1）完美型的妈妈和权力型的孩子，是对双方的礼物。

（2）家长要学习先处理情绪，再解决事情。

（3）等待孩子呼出一口气，就标志着情绪解决得差不多了。

案例 13 妈妈，我想你的时候会闻你枕头的味道

2019 年 12 月，我跟一个 7 岁半的小男孩钱钱对视了一分钟。本来我以为就是一场很普通的对视和反馈，结果变成了现场心理咨询，疗愈小朋友的分离焦虑，还教会小男孩两个重要的话题：如何做选择，如何设立边界。

对视的整个过程都很顺利。

之后我问 7 岁半的钱钱：

"一分钟你觉得长吗？"

"不长呀。"

"你在跟老师对视的时候，紧张不紧张呀？"

"只要坚持一下就好了。"

"刚开始有点紧张，后来就好了，是不是？"

"是。"

"你觉得老师是什么性格？"

"很温柔,不像其他老师那么歪。"

"你在学校有老师很歪,是吗?"(我重复使用孩子的核心词"歪"提问。)

"是。"

"老师很歪的时候是什么样子的,你可以跟我描述一下吗?"(进一步深度挖掘信息,带着好奇心提问。)

"脾气一下就很冒火。表情很严厉。"

"所以你讨厌凶巴巴的、严厉的老师跟你讲话,你喜欢温柔的老师跟你讲话,是不是?"(再次跟孩子确认孩子的内在需求,表示你的专注倾听,你的理解是否与他要表达的一致。)

"是。"

提问结束了,接下来我要给出对视反馈了。

钱钱的性格:钱钱有两个性格——权力型与平和型,也就是老虎型和考拉型。老虎型的孩子会有自己坚定的目标,会特别坚持,遇到困难也不轻易放弃。考拉型的孩子特别会关心他人,别人开心、不开心都会很敏感。如果别人不开心了,你会愿意帮助他们。(钱钱听到这里,微笑了一下。)你是一个善良、乐于助人的小宝宝。在学校,你的人缘也很好,老师同学都很喜欢你。(钱钱听到这里,深深吸了一口气,微笑着靠向后面的沙发,看起来他放松下来了。)

钱钱的压力:(在提到"压力"这个词的时候,钱钱就立刻皱起眉头来,非常认真地听。)钱钱目前的压力处于黄色区域,压力有点大,但还可控。为什么会有这样的压力呢?虽然权力型的小孩通常会比较乐观,但是钱钱目前好像在为别人担心,也许是家人,也许是同学,或者是老师。也许是这个人遇到了一些烦心事,所以钱钱在为他/她担心,想帮助他/她,但是又不知道该怎么帮助他/她。同时,我也看到你是很有信心的,很乐观的,可以帮助他/她渡过难关。(听我说到这里，钱钱深深地吸了一口气，肩膀抬起来之后重重地放下，深深地呼出一口气。)

钱钱的潜能和天赋：因为有老虎型的特征，所以很有领导天赋，同时也有考拉型的特征，会关心他人。会有很多人围绕着你，一起做事情，一起玩。

对视打分

对视结束后，我也请钱钱给我打分。

"你给老师打几分呀？"

"十分！"

"为什么给老师打满分十分呀？"

"因为你把我心里的想法说得很完整，因为我就是这么想的，你都说对了。"

"老师特别想问问第二点，你在为谁担心呀？"

"我们班上的人。"(钱钱一边说，一边笑了起来，仿佛我猜中了他的小心思，腼腆地笑了。)

后来钱钱说，他帮助同学改正了错题，老师就不批评这个同学了，他觉得帮助别人会让自己快乐。

(从孩子的回答中，你可以听到，钱钱回答了事实部分、需求部分和观点部分。事实是帮同学改正错题，需求是希望老师不批评同学，观点是帮助别人会让自己快乐。你发现了吗？只要你问对问题，孩子是完全可以用自己的语言完美回答的。家长多做提问练习，孩子多做回答问题的练习，彼此的语言表达能力都会提升，亲子关系自然而然就会紧密起来。)

我接着说，你帮助他人是非常好的，那你有没有想过用什么方法，可以让自己既帮助他人，同时自己没有那么大的压力呢？

(请注意我的这个问题，是带着钱钱去探索可能性。之前钱钱帮助他人会让自己有压力。所以出现了一个对抗：帮助他人 vs 自己有压力。这里就有一个冲突,在心理学上叫趋避冲突,趋向帮助他人,逃避自己有压力。但钱钱不知道如何处理这个趋避冲突。所以,我的提问就是为了帮助钱钱看到,是否有一个更大的空间,可以让帮助他人和自己有压力之间不再冲突,变成和平相处,变成帮助他人+自己放松喜悦。因此,我提出的这个问题,就是带着钱钱继续向自己的深层需求探索,打开一个更大的空间。)

钱钱说试了一些其他的方法,但是没有用,因为担心家人。

"我妈妈去上海的时候,我很伤心,因为我想她回到我身边陪伴我。"

(你注意到了吗?钱钱的回答包括事实、情绪和需要。事实是"妈妈去上海",情绪是"伤心",需要是"妈妈回到身边陪伴我"。思路非常清晰。)

"你跟妈妈说过你的想法吗?你描述下是怎么说的,可以吗?"

"我说:妈妈你走了,我天天在你的床上、你的枕头上闻你的味道。你走了,我就有很大的压力,感到心里的压力都压到自己没办法了。"

(你注意到了吗?这里钱钱不仅描述了情绪——"有很大压力",还用类似比喻的方式加强对压力的描述,"感到心里的压力都压到自己没办法了"。)

"就是心里这个位置都压得没办法了?"(我重复钱钱的话,再次提问,并且还模仿钱钱的动作,把手也放在胸口。)

"嗯嗯。"

"那你妈妈说什么了?"

"妈妈说,她也想我。"

"你妈妈可能不得不去上海工作。她离开你,你的压力很大。那你和妈妈有没有商量过用什么方法,可以让你的压力减轻,你妈妈也可以专心工作?"

"没有。"

"现在我们在直播，你可以现在跟妈妈商量一下方法吗？你想想有什么方法，跟妈妈也商量一下？"

"可以。"

"我可以看妈妈的照片。"

"你觉得还有什么方法，可以跟妈妈有链接？"

（我再次使用"还有呢"的技巧，让孩子继续深入思考。）

"我就让自己平复下来，我就想象妈妈就在身边，自己按照原来的样子生活，想象着妈妈在身边的时光。"

"你妈妈有没有送你什么小玩具或者小玩偶呢？"

（我在帮孩子跳出原来的思维范围，看到更多的可能性。）

"妈妈给我买过的。"

"你也可以在妈妈出差的日子或者外出的日子，跟这些小玩具一起，让它们陪着你。这样你会不会好受一点呢？"

"嗯。"

"你看，我们可以闻妈妈被子上的味道，看看妈妈的相片，跟妈妈送你的礼物一起玩，还有什么方法呀？"

（再次使用"还有呢"的技巧，同时重复之前的所有收获，也给孩子更多时间思考。）

"可以抱抱妈妈的衣服。"

"啊，太棒了！抱抱妈妈的衣服也是一个方法。还有什么呀？"
（重复核心词，并且使用"还有呢"的技巧。）

"晚上一个人的时候，可以跟爸爸睡。"

"这也是一个方法。那我们争取再想两个方法，好不好？"

（孩子已经想了很多方法了，给孩子设定一个数字目标，让他知道不会一直问下去，因为看到只有最后2次机会，就会珍惜，不再兜圈子，把内心隐藏的那个关键方法说出来。设定数字范围这个技巧,也可以在提问中使用起来。)

"好。"

(等待,沉默不语。)

"还可以拿妈妈的枕头当自己的枕头睡。"

"很好,我们再想最后一个方法好不好?"

钱钱一边舔嘴唇,一边抬头看看旁边的妈妈。

"就是可以跟妈妈打电话。"

(最后这两个方法,是孩子思考了一段时间后说出来的。也许他筛选掉其他的可能性,最终选了这两个方法,去填补最后的两个空缺。而舔嘴唇、看妈妈的小动作,也在表达"我想过,但我紧张,不知道该不该说"。)

"太棒了!可以跟你的妈妈打电话。那你是用谁的手机给妈妈打电话呢?"

(这个提问,是让孩子做进一步执行的预想。打电话这个方法要涉及其他的人和物品。在执行中是否会遇到阻碍?孩子有没有心理准备?遇到阻碍有什么解决方案?这些都要通过提问帮助孩子梳理。因此,不是听到"给妈妈打电话"这个答案就结束的,还要细化到孩子的执行层面。)

"用爸爸的手机。"

"在打电话之前,你是不是会跟爸爸先沟通一下,说你要给妈妈打电话?"

(跟孩子确认执行中与他人的互动能否顺利进行。)

"是。"

"那你在跟妈妈打电话之前,会不会跟妈妈有个约定?比如妈妈在出差之前,你会不会跟妈妈说好什么时间打一次电话,大概几点打电话?"

(再次跟孩子确认执行中与他人的互动能否顺利进行。细节的确认，非常重要。）

"没有说。"

（孩子果然没有跟妈妈确认过打电话的时间、频率等细节。）

"那下次在妈妈出差之前，可以跟妈妈说，你要在几点给她打电话。如果你跟妈妈说好了，也许这个时间你的妈妈就不安排工作了，而是专心跟你打电话。你觉得呢？你是不是可以跟妈妈商量起来了？钱钱，你看我们现在是不是有很多方法了？"

"是。"

"那你觉得哪个方法最有效？"

（已经成功搜集到了这么多的方案，一定要让孩子自己选择他心中的最佳方案。只有这样，孩子才会负起责任，才会为行动的结果负责，因为是自己的选择。家长安排的方法，孩子很可能稍微尝试下，遇到阻力就撂挑子了。为什么呢？因为这个方法不是孩子自己选的。孩子按照家长说的做了，没成功，或者效果不佳，孩子就很容易把责任推到家长身上。真的是家长的方法不好吗？未必。很有可能是孩子没有真的好好用这个方法，遇到小困难就放弃了。而如果让孩子自己选择，他就会动用自己内在的创造力和想象力，希望通过自己选的方法达到解决问题的目标，即使失败了，孩子也会认识到，这是自己的选择，不会埋怨家人。所以，一定要让孩子对各种解决方案做一个排序，选出最佳方案和备选方案。）

"给妈妈打电话发视频。"

"那下次你就跟妈妈约定好，可以吗？"

"可以。"

"你现在心里开心了吗？"

"开心了。"

"如果下次妈妈出差，你会怎么跟妈妈说？"

（这个问题也非常重要，就是要让孩子进行演练。孩子可能听懂了。但是让他们再说一遍是否能说得清呢？所以，一定要做彩排。）

"妈妈，我明天或者后天给你打电话，在我想你的时候。"

（钱钱说这句话的时候，好像背课文一样，挺起了小胸脯一字一句地说，每个字都非常清晰。）

"那你会跟妈妈说具体几点钟给她打电话吗？"

（继续确认细节，让孩子立刻就在心中做好执行规划。）

"是八点到九点之间。"

（钱钱的语气依然很正式。）

"你会不会跟你的妈妈说你准备打多长时间的电话呢？"

（继续确认细节。你真的不要觉得我啰唆，只有细节确认得够多，孩子心中才会浮现出未来执行时的画面。当他不断回答出这些细节，并且是他自愿完成的行为，他就更容易在未来时刻到来的时候，按照他所说的去做。这是自我预言的实现。）

"打 10 多分钟。"

"那你希望是妈妈打过来还是自己打过去呢？"（细节确认。）

"我打过去。"

"下次在你妈妈出差之前你可不可以跟她说：妈妈，我会在你出差的晚上 8 点到 9 点之间给你打电话，跟你聊 10 多分钟。我给你打过去。你可不可以这样跟你妈妈说呀？"

（整合所有细节，变成一句话，说给孩子听，让孩子看到这个请求的全貌。孩子是通过模仿学习的。）

"可以。"

"那你说一遍让老师听听好吗？"

（请孩子自己复述一遍。模仿一遍，印象会加深。）

"妈妈，我明天和后天晚上 8 点到 9 点之间，给你打电话，10 多分钟，可以吗?"

(这句话钱钱说起来非常流畅，也非常肯定，仿佛在熟练地背诵课文一样。我知道，他现在已经学会了做选择，在众多选择中选出最佳的，并且肯定地表达自己的诉求。)

"如果妈妈同意了，你就可以打这个电话了。但是如果妈妈不同意，你怎么办呀?"

(再次提出可能遇到的阻力，询问孩子的备选方案。)

"那我可以晚一点再打呀，我不一定要强求妈妈呀!"

"哇，你怎么这么棒! 让妈妈也有选择。钱钱，你知道吗? 你刚才说的这句话非常棒，因为你尊重你妈妈，给你妈妈选择权。你也尊重你自己，给自己选择权。你真的做得很棒!"

(这里，我特别给孩子一个表扬，并且表扬时还教他，"我不一定要强求妈妈"这句话的意思是给对方选择。而给对方选择是尊重对方的表现。尊重对方和给对方选择是值得表扬的行为。这样孩子心中就知道，我的这个行为叫什么，这个是被鼓励和表扬的，以后我可以继续这样做，我渴望更多表扬。)

"你今天学会了一个新的功课，就是做选择。在刚开始的时候，你只有一个选择，就是闻妈妈的被子和枕头，但是后来你有了6个选择:

(1) 看妈妈的相片;

(2) 让妈妈送的玩具陪自己玩;

(3) 抱抱妈妈的衣服;

(4) 跟爸爸睡;

(5) 用妈妈的枕头当自己的枕头睡觉;

(6) 给妈妈打电话发视频。

你今天学习了给自己做选择的功课，还学会了给妈妈做选择的功课，你的学习能力真的很强，是不是?"

"是。"

钱钱笑着,回头望了妈妈一眼。

（孩子在获得了老师的表扬之后,又再次看妈妈,是希望妈妈看到"看,老师都表扬我了",他是再次希望获得妈妈的肯定和鼓励。）

"老师也要给你打满分 10 分,你可棒了!"

"谢谢老师!"

"所以,如果你以后在学校看到同学也遇到了困难,你可不可以也像老师教你的一样,帮助这个同学也有更多选择,并且选一个最佳的做法呢?"

"可以!"

"今天老师跟你聊了这么多,你有没有觉得心里舒服了一些呀?"

"嗯,是的。"

"以后你有压力的时候,也像今天一样,给自己更多的选择,并且选择一个最佳方法,好吗?"

"好!"

钱钱妈妈听完我跟钱钱 40 多分钟的沟通,说钱钱在一岁多的时候,是跟奶奶住在一起的,所以钱钱在跟妈妈分开的时候,就会有担心、害怕、焦虑,甚至恐惧。钱钱妈妈经常问他:"你心里的伤,妈妈给你治好了多少?"他说治好了一半了。所以,钱钱妈妈也一直在不断学习。

小朋友在 0~2 岁的时候,与家人尤其是母亲分开,会有一些分离焦虑的问题。

钱钱特别喜欢妈妈的味道,抱抱妈妈的衣服,所以钱钱很期待感受到母亲的味道、体温和抚摸。

钱钱妈妈还说,钱钱有点缺乏安全感。

这点我请钱钱妈妈放心，因为在对视的一分钟时间里，钱钱的身体和目光都非常稳定。在沟通的 40 分钟左右，钱钱也很稳定地表达了自己的事实、情绪、需要和观点。所以，钱钱的安全感已经在一步步修复，而且他的学习能力真的很强。

另外，我还对钱钱妈妈说：钱钱妈妈，你也是第一次做妈妈，你也没有经验，你也要从头学起。钱钱也是第一次做小孩，他也没有经验，他也要学习如何做孩子。所以，钱钱妈妈也不要对自己要求太高，你也是在有了孩子之后才开始学习如何做妈妈的。相互都温柔地对待对方，要给自己认可，你们已经做得很棒了。

听我说到这里，钱钱妈妈开始抹眼泪。

这次跟钱钱小朋友的沟通，实际上是一次心理咨询。

钱钱原本选择单一，内心压力大，无法跟妈妈表达自己内心的期待，更不知道该怎么调节自己的压力。

在我一步步耐心倾听和提问之后，钱钱找到了 6 种选择。

一个人有了选择，自然就有了更多的自由空间和行动力。

在最后，我们可以看到，钱钱可以像背课文一样非常流利地表达自己的期待，同时还可以为对方保留选择权。

短短的 40 分钟左右的对话，就是在疗愈一个孩子的心灵，也是教孩子处理问题的方法，应对未来生活中的挑战。

练习 12　妈妈并没有跟我分离，妈妈一直跟我在一起

在 20 世纪 50 年代末，美国心理学家哈里·哈洛（Harry Harlow）和他的同事们所做的一系列心理学实验中，有一个很有名的猴子实验。

刚出生不久的小猴子被带离猴子妈妈，放进一个房间。房间里有两个铁丝做的猴子妈妈：一个连接着奶水，另一个被一层柔软的布缠着。实验者观察了很多只这样的小猴子，发现小猴子只

有饿了，才会去铁丝猴子妈妈那里吃奶。但是一旦吃饱了，小猴子立刻就会回到缠着布的猴子妈妈身上。

温暖的呵护对于小猴子来说是非常重要的。

想进一步了解的话，可以观看视频。关注微信公众号“一分钟面对面识人”，点击“书中视频”即可观看。

人类的孩子也一样。在出生之后，孩子跟母亲还是紧紧地联结在一起。因此，对于年幼的孩子，尤其是 0～3 岁的孩子，如果在这个期间跟父母，尤其是母亲分离，就会出现所谓的分离焦虑症。

我曾经跟一位 985 院校毕业的硕士生对视了一分钟。这个小帅哥在跟我对视的时候，出现了一个明显的小动作：不断地抿嘴，偶尔咬下嘴唇。在跟他结束对视之后，我直接就问他：是不是在小的时候跟母亲有分离的经历。

他很惊讶，但是很快镇静下来，跟我说，小时候他家在农村。他印象很深的一个画面是他 3 岁的时候，妈妈把他用绳子拴在家里地头的电线杆上，然后去地里干农活，一直忙到晚上，再把他从电线杆上解下来，一起回家。

后来，我又跟更多的成年人对视。我发现在对视的过程中，如果出现抿嘴、咬嘴唇或者噘嘴的小动作，都是在幼年时期跟父母，尤其是跟母亲有分离的经历。分离的时间长短对孩子产生的影响也因人而异。有些人和母亲分离 2 天就会有分离焦虑，有些人分离 2 个月以上才会有分离焦虑。

如果你不确定你的孩子目前是否存在分离焦虑，可以跟他/她进行一分钟对视，观察他/她是否有抿嘴、咬嘴唇、噘嘴的动作。如果有，就可能有分离焦虑，就要帮助孩子进行处理。

　　分离不仅有父母因为工作出差、去外地打工这样的情况,还会有寄养在其他亲戚家或者是养父母家的情况。所以,分离的问题是比较复杂的。

　　但是分离的核心问题,是亲子问题、原生家庭问题、自我心灵的三个系统问题。

　　父母跟孩子的亲子问题,也是在映射父母的原生家庭问题。自我心灵的问题又是对于亲子问题和原生家庭问题中的理解、重构、概括所形成的价值观、信念的问题。

　　要解决分离的问题并不容易,因为这个问题牵扯到三个系统。并且分离的问题还会延展到社交关系和自己未来的亲密关系。一个分离的问题,就涉及了五个系统:亲子系统、原生家庭系统、自我心灵系统、社交关系系统和亲密关系系统。

　　这一节给出的练习,并不能解决你因分离产生的所有问题,它只能帮助你看到一个方向,给你一个指引,还需要你自己努力去找出更多的解决之道。

　　就如同前方有一片美丽的草原,现在你看到的练习只是一个路牌,告诉你要朝这个方向走。但未来你会有什么挑战和奇遇,以及你能否真的抵达那片美丽的草原,花多久时间能够抵达,就要看你一路上的表现了。

　　这个练习是这样的。

　　我曾经读过一行禅师的一本书《与自己和解:治愈你内心的内在小孩》(河南文艺出版社,2014 年 6 月出版),其中有这样一段话:

　　当你长大,你可能会相信你和母亲是两个不同的人,但事实并非如此。我们是母亲的延续。我们错误地相信我们与母亲是不同的人。我们其实都是父母以及祖先的延续。

　　想象我们是撒播在泥土中的玉米种子。七天后,种子发芽长出玉米秆。当玉米秆持续长高,我们再也看不到那颗种子了。但那颗种子并没有死去,它仍然在那里。深入观察,我们仍可在玉米秆中看到那颗种子。种子和秆并非两个不同的实体,一个是另一个的延续。玉米秆是玉米种子的未来;而玉米种子是玉米秆的过去。它们不是同样的东西,但也不是不同的东西。你与母亲不是完全的同一人,也不是完全不同的人。

每当我想到一行禅师的这段话时,我的心中就有一股暖流在流淌。

在世上的每个人,谁没有经历过分离呢? 每个人都经历过。

你从妈妈的肚子里生出来的那一刻,就是分离。

还有亲人的过世,关系的中断,事业的停滞,等等,这些都是分离。

所以,请你带着成年人的眼光去看待分离。分离是一个必经之路。

我们要跟母亲分离,我们有一天还会跟这个世界告别。

因此,这个练习就是:请你大声朗读一行禅师的这段话,并且在纸上画出三样东西——一根玉米棒,一颗玉米粒,一株茁壮成长的玉米苗。

分离并不可怕,分离会带来成长。也希望你可以接纳这份带着祝福的分离,完成这个练习。

有分离焦虑的孩子要学习接受事实,承担起自己的责任。如果你还在抱怨父母在你幼年时离开你,你就是在拒绝成长,还把自己当作那个小婴儿。

案例 14 母亲曾经堕胎多次,对现在的孩子特别关注和焦虑,到底该怎么培养孩子?

2019 年的夏天,有一个妈妈私信联系我,说她的儿子总是半夜不睡觉并且哭闹，用了不知有多少方法，哄也哄不好，她不知道该怎么办。

应她的要求，我跟她四岁的儿子做了一分钟对视。

结果这个孩子一切正常，是老虎型，有自己的目标和行动力。但是我发现这个孩子在跟我对视的时候，流露出一种悲伤之情。

我就问孩子妈妈：家里发生了什么事情？孩子为什么会有这样的悲伤？

孩子妈妈说不知道孩子为什么悲伤。我继续问：是不是作为妈妈的你，内心有悲伤，从没有对任何人说起？一听到我这句话，孩子妈妈的眼圈有点红，说：是的，老师，我有悲伤。

听到这里，我就理解了，幼小的孩子有天生的感知力。他们的每个细胞都在感知外在的环境，又因为他们在这个阶段跟母亲的链接非常紧密，因此，很容易就会复制母亲的情绪和感受。小朋友内心有个声音：我用跟父母一样的状态表示我对父母的爱和忠诚。

我们不但可以模仿他人的动作，我们也可以模仿其他人的情绪状态和意图。当人们同步时，他们会使用类似的方式坐或者站，他们说话会运用同样的语速。我们的镜像神经元会让我们容易受他人状态的影响，所以当其他人愤怒时，我们也会感到生气；当其他人抑郁时，我们也会感到消沉。当周围人都笑起来时，我们也会跟着笑。

镜像神经元

镜像神经元是 20 世纪末由意大利帕尔马大学首先发现的，这个发现证明在猴脑中存在一种特殊的神经元，能够像照镜子一样通过内部模仿而辨认出所观察对象的动作行为的潜在意义，并且做出相应的情感反应。这个发现一经公布，立即在全世界科学界引起了巨大反响。科研人员把这样一种具有特殊能力的神经元，称为"大脑魔镜"。（来源：百度百科）

科学家曾经用猴子做过这样的实验。

在意大利帕尔马，一个夏天，一只猴子坐在专用试验椅上等着吃午饭的研究人员回来。一根细小的电线已经被植入猴子负责运动的大脑区域。当猴子每次抓或移动食物时，其大脑区域的一些细胞就会兴奋起来，为此，监控器还会记录一个声音：啵哩——破，啵哩——破，啵哩——破。一位毕业生手上拿着一个冰激凌球进来了。猴子盯着他。之后，令人惊奇的一幕发生了：当学生将冰激凌球放到自己的嘴唇边上时，监控器听到了一个声音：啵哩——破，啵哩——破，啵哩——破。其实，帕尔马大学的神经学家贾科莫·里佐拉蒂(Giacomo Rizzolatti)早就看到了这一现象，他当时拿的是花生。当猴子看到人们或其他猴子拿着花生放到嘴里时，同样的大脑细胞兴奋了。之后，科学家发现，猴子剥花生或听到有人剥花生时，这些细胞会兴奋。当换成香蕉、葡萄干和其他所有食物时，同样的事情也会发生。

李乍那迪博士最近接受采访时表示，猴子大脑中有特有的细胞，叫镜像神经元，当猴子看到或听到一个动作以及当猴子自己做这一动作时，这些细胞会兴奋。

人类大脑有若干镜像神经系统来专门传输和了解别人的行动和意图，以及别人行为的社会意义和他们的情绪。镜像神经元不是通过概念推理，而是通过直接模仿来让我们领会别人的意思。通过感觉而非思想。该发现触动了许多科学规则，改变了对文明、移情作用、哲学、语言、模仿、孤独症和心理疗法的理解。该发现为文明的进步提供了生物学基础。（来源：百度百科。）

镜像神经元的功能如下：

（1）迅速理解他人的意图。

（2）体验别人的情感。

（3）语言建立的基础。

（关于镜像神经元的更多信息，可以参考书籍《神秘的镜像神经元》，格雷戈里·希科克著，浙江人民出版社，2016 年 12 月出版。）

推荐这本书是因为这本书很专业，引用了很多专业学术期刊中的论文。并且作者还提出了一些异常现象，比如实验中的循环论证，实验设计中的偏差，可以让读者对镜像神经元的理解更加全面，也避免过度依赖镜像神经元去解释一些心理学中的现象。

即使这个妈妈没有跟孩子讲过"悲伤"的事件，但是孩子的镜像神经元已经感受到了妈妈的悲伤，孩子也很可能"复制"了妈妈的悲伤，激起了孩子"悲伤"的情绪。

而我跟孩子对视一分钟时，我的镜像神经元很可能感受到了孩子的"复制悲伤"。追根溯源，这是来自妈妈的"悲伤"。

也许，当妈妈的"悲伤"流动起来、得到疏解时，孩子的"复制悲伤"就得以转换了。

那么接下来，我要跟大家分享，我是如何尝试跟这个妈妈一起工作，帮助她疏解"悲伤"的。

我跟这位妈妈说：你家孩子其实没什么问题，他是因为无条件地爱你，就接纳了你所有的信息，包括你的悲伤情绪。孩子晚上哭闹，会不会是因为你在晚上经常独自一个人悲伤，所以孩子不睡觉？我不清楚。但是我能看到孩子的悲伤。我猜测孩子的悲伤跟你的悲伤有些关系。如果你愿意，我们来看看是否可以对你的悲伤做一些处理。如果你的悲伤改善了，也许你的孩子的状况就改善了。

这个妈妈听完，就跟我约了后续的一对一咨询。

在咨询的过程中，我了解到，孩子妈妈有几个系统的冲突：

（1）这位女士在结婚之前有过一个男朋友，并且跟这个男朋友还有过一个孩子,但是做了堕胎。这个男朋友也知道,并且同意堕胎。但是因为这段感情经历和堕胎的行为,这位女士内心有很强烈的内疚和自责。

(2) 这位女士现在的丈夫和丈夫的家人并不知道她以前的这段经历,因此,这位女士心中对现在的丈夫还有愧疚感,觉得内心有隐瞒,有点对不起现在的丈夫。但是又担心现在的丈夫和家人知道了不开心,所以也不敢提起以前的事情。

(3) 因为曾经的堕胎,这位女士格外疼爱现在的儿子。一方面把堕胎的负疚感化成无微不至的照顾和关心,放在现在的儿子身上;另一方面,因为隐瞒了一些事实没有告诉丈夫及丈夫的家人,生怕没有照顾好儿子,所以又格外焦虑和小心翼翼。

所以,可以看出,这位女士的冲突在前任的亲密关系系统、现任的亲密关系系统、亲子系统和家族系统(自己与丈夫的家人之间的关系)之间。而这几个系统的冲突中,围绕的核心信息,就是内疚和羞愧。

这个情绪会让人产生不配得的行为,把有价值的好东西给到他人,惩罚自己活在痛苦之中。这样是通过自我伤害去平衡内在的愧疚感。

可是,这不是一个恰当的解决方案。如果长期下去,她会活得越来越不开心,把别人应当承担的责任都背负在自己的身上,一方面增加了自己的责任,变得痛苦;另一方面,也剥夺了他人自我成长的机会。

所以,这是个很典型的案例。当然,通过一次咨询是没有办法解决这位女士这么多问题的。所以,我的方案是围绕一个点,就是解决内在的愧疚感。

能量层级

这里再跟你分享一个理论,就是大卫·霍金斯(David Hawkins)

博士在他的著作《意念力》(光明日报出版社，2014 年 9 月出版)中分享的能量层级理论。其中，能量最低的就是羞愧。羞愧的能量如果达到非常高的程度，会促使一个人自杀、自我毁灭。

能量层级	分值	状态	描述
正	700～1000	开悟	人类意识进化的顶峰，合一、无我
正	600	平和	感官关闭，头脑长久沉默，通灵状态
正	540	喜悦	慈悲，巨大耐性，持久的乐观，奇迹
正	500	爱	聚焦生活的美好，真正的幸福
正	400	明智	科学、医学概念系统的创造者
正	350	宽容	对判断对错不感兴趣，自控
正	310	主动	全然敞开，成长迅速 真诚友善，易于成功
正	250	淡定	灵活和有安全感
正	200	勇气	有能力把握机会
负	175	骄傲	自我膨胀，抵制成长
负	150	愤怒	导致憎恨，侵蚀心灵
负	125	欲望	上瘾，贪婪
负	100	恐惧	压抑，妨害个性成长
负	75	悲伤	失落，依赖，悲痛
负	50	冷淡	世界看起来没有希望
负	30	内疚	懊悔，自责，受虐狂
负	20	羞愧	几近死亡，严重摧残身心健康

从这张表格中,你可以看到,骄傲到羞愧,都是属于负向的能量层级。从勇气到开悟,都是属于正向的能量层级。

在这个一对一的咨询中,我特别帮这位女士处理了以下几点:

(1)对前任的态度,逐渐变为祝福。

(2)对堕胎孩子的内疚,变成陈述事实,接纳结果,送出祝福。

(3)对现任先生,表达尊重,并且也期待现任丈夫尊重她有一段过往的经历。这个经历与现任丈夫无关,她有权力选择是否告知现任丈夫。因为这是不同的系统力量。

在花了将近 3 个小时完成了这次一对一沟通之后,这位女士整个人都有了很大的改变,说话语气变得轻松了,脸上也洋溢着微笑。

最后,她说,她确实是把很多的注意力都放在了儿子身上,也觉得应该把注意力拿出一部分放在自己身上,她已经很久都没有关注自己了,也没有那么关注先生。

也许,你也有类似的状况。所以,你的练习是做一个非常简单的仪式,与你之前堕胎的孩子做一个有仪式感的告别。但是,这个仪式不是万能的。如果你的内心有很多情绪还纠缠在一起,还是需要找专业的心理咨询师进行处理。

❀ 练习 13 为那个特别的孩子,做一个纪念

如果你对于曾经发生的堕胎或者孩子的夭折还有着很多的悲伤和内疚,可以尝试下面的练习。

(1)找一个物品,可以是绿植,可以是玩偶,可以是图片、绘画等。

(2)用这个物品代替这个特别的孩子。

(3)把这个物品放在家中的某个地方。

(4)不需要告诉任何人,只要你自己知道就好。当然,如果你

愿意，也可以告诉其他人，这是你的权利和选择。

（5）当你完成这个练习之后，给自己一份奖励，可以是物质奖励，也可以是精神奖励。总之，感谢自己完成这个作业。

特别注意，在摆放这个物品的时候，可以对着物品说出你对这个特别的孩子的祝福。并且也希望这个孩子可以微笑地看着你，祝福你。

如果你有宗教信仰，也可以用相应的仪式感去化解心中的情绪。最终达到的结果是：在心中给他/她留一个位置，作为对他/她的纪念。让这个位置和纪念留存，让悲伤和内疚得到化解。

案例15 孩子发起脾气来比我还凶，怎么办？

案例10中的妈妈做完咨询之后，有了比较大的改善，情绪也好了很多。大约半年之后，我又主动联系这位妈妈，看看她近期的状况如何。

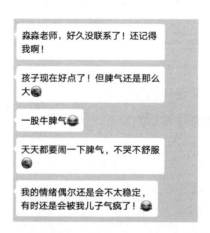

孩子妈妈说，上次的咨询之后，孩子的情绪确实好了很多，可还是有牛脾气。我就问：是什么样的牛脾气？

就是动不动会会发脾气，不知道怎么说！比如有时候故意吐口水，然后我说不能这样子，他就继续吐，还发脾气。早上起床也是，我说我们穿衣服下床了，他就是不要穿，在床上哭闹，说不穿衣服。有时候总觉得跟他说话，一不小心就让他不开心了😊

有时候就喜欢控制我们大人的事，我们去洗澡，他就说不能洗，不准我们去，问原因，又答不出来😊

我看到这里,继续问,是否上次给你家儿子的反馈是权力型,也就是老虎型的性格?

是的，权力型的孩子😊

所以,如果权力型的孩子是家里唯一的孩子,这个孩子就很希望所有的关注都在他身上。对于吐痰这个问题,我是这样建议的。

我说,当孩子做了一件特别让你生气的事时,你先不要立刻批评他。你要在心中默念两句话:

（1）每个哭闹的孩子都在表达请爱我。

（2）我要模仿他,才能打断他。

所以,我建议孩子妈妈,当儿子下次又吐口水的时候,你尝试一下,他吐口水,你也吐。他用什么动作吐,你就尽力 100% 模仿。在吐完之后,跟他一起擦地。让他擦他吐的,你擦你吐的。就当作一次模仿的游戏,先一起玩。吐痰之后再擦地,这真的没什么大不了的。关键是让孩子知道,为什么以后不要吐痰,以及如果有痰该怎么做。

如果训斥孩子吐痰并不解决问题，就说明你采用的方法错了，那就要换个方法试试。

并且，对于权力型的小老虎们，你越管他，他越反抗。

听我这么说，孩子妈妈又有些担心，她说：

> 这个怎么那么像我在手机上看到的视频：一个小女孩在商场哭着让她妈给她买东西，不买就整个人趴在地上哭闹，然后她妈妈在商场跟着她一起趴下，后来女孩就不哭爬起来了。但我当时没想明白，为什么呢？当中的道理是什么？

> 这样做有什么含义吗？

> 我跟着吐，他应该会越吐越兴奋吧？？下次他又吐的话我又这样跟着他吗？

这里就再次解释一下模仿背后的理论和相关的案例。

在我学习催眠的时候，除了课堂学习和练习，我还看了好几本书，包括第三代催眠大师弥尔顿·埃里克森（Milton Erickson）自己写的书，也看了他的学生们写的回忆录。

其中讲到一个经典的模仿案例。

一天，埃里克森先生在一个精神病院遇到了一个患者。这位男士挡在埃里克森的面前，说了一堆完全不知所云的语音。埃里克森先生，先是很认真地看着这个患者的眼睛，然后他也模仿这个患者说了更长的一段不知所云的语音。这个患者突然露出惊讶的表情，然后就离开了。

没过几天，这个患者又遇到了埃里克森先生，又说了更长的一段话，还是没有任何含义的语音。埃里克森先生就这样跟他一直来回往复用这样谁都听不懂的语音交流了两个小时，然后又各自离开。

第三次,他们又相遇了。这一次,埃里克森先生在他的一长段不知所云的语音中加了一句话——"你叫什么名字"之后,继续说听不懂的语音。而患者也用同样的方式回应,先说了一段不知所云的语音,用一句回答了他的名字,之后又是一段胡言乱语。

之后的故事发展就越来越顺利,他们的交流中胡言乱语的部分越来越少。直到有一天,埃里克森先生提议:"我们用彼此都能听懂的话交流吧。"从那句话开始,他们就全部都用英语交流。而患者跟其他人也开始用英语交流,很快就离开了精神病院,在另外一个州找到了一份工作。多年之后还给埃里克森先生寄来了一张明信片。从此就再无音信。

这个真实的故事非常感人。我每次读到埃里克森先生跟这样"让人头疼"的病患用神奇而富有魅力的方式沟通时,我都感受到埃里克森先生对人的爱。那满满的爱,都通过他的眼神、他的表情、他的语气和话语传递到了对方心中。

一个简单的模仿,竟然可以化解多年的精神疾病患者的治疗难题。

模仿不仅是一种有效的打断,更是与对方平等的连接。

如果孩子的妈妈担心孩子把吐痰当游戏,这也没什么大不了的。最重要的是,让孩子在爱的感受中理解什么是可以做的,什么是不可以做的,在爱的感受中建立边界感。

当你模仿孩子的行为之后,孩子首先就很好奇:妈妈在做什么?

然后,带领孩子,去感受他刚才的行为,让他说出他的感受。比如,可以让孩子用语言表达为什么要这样吐痰,孩子有什么需要?带着好奇心、带着爱去问。

很多时候,家长只看到了行为,就开始评判,开始批评和责骂。

实际上，家长根本不知道孩子内心的感受，更不了解孩子行为背后的需要。

所以，首先模仿孩子的动作，跟孩子链接。

然后进行引导，帮助孩子说出他的感受，以及行为背后的期待和渴望。

最后，家长再跟孩子讲道理，设立边界。比如说，为什么不能吐痰，痰里有病菌，容易生病，等等。再跟孩子一起把地擦干净。让孩子擦自己吐的痰，教会他们为自己的行为负责任。

在这个过程中，母子就亲近了，也相互理解了。孩子会更爱你，尊重你。你也会了解孩子的想法，把他当成一个懂事的小大人对待，而不是无理取闹的小神兽。

孩子妈妈听到我这样说，也很认可。她还说：

> 我前几天的做法是：他突然在客厅地上吐口水，然后我说不能吐，他不听，后来我带他去屋外，我说里面吐不卫生，你在外面吐，吐完再进来。后来他自己在门外吐，吐完我就让他自己拖干净。我说下次不能随便吐口水，他虽然答应我知道自己错了，但他每次说自己错了下次不会这样子的时候，以后还是会再犯😓

我就建议孩子妈妈，可以跟他一起去外面吐痰。依然还是要注意几点。

（1）划定边界。如果吐痰很好玩，就在院子里吐。可以跟孩子一起玩一会儿。一定要记得，孩子有自己的判断，他不会一直吐。他是在感受自己的器官，通过吐痰感受嘴唇、舌头、牙齿等器官，孩子在了解自己的身体，在通过感觉自己感知世界。

(2) 注意语气。如果用很凶的语气,这样是不好的。如果孩子还很小,可以跟孩子道歉:妈妈刚才训你,语气很凶,妈妈错了,妈妈依然爱你! 不要觉得道歉就低人一等。孩子如果听到家长给自己道歉,内心会更加亲近、更加爱自己的父母,甚至有的孩子还会大哭起来。这时候是孩子把内心的委屈都哭出来了。道歉是一个非常好的疗愈。前面讲过,道歉是解决冲突的最后步骤。

🌸 练习 14　模仿孩子

跟孩子做一个模仿的游戏。约定时间 3 分钟。孩子不论做什么,家长都要 100% 模仿。

3 分钟结束之后,换次序。家长先做动作,孩子 100% 模仿。

6 分钟模仿结束之后,双方沟通一下,这个游戏让你有什么新发现。

也就是引领者和跟随者的两个身份。

引领者可以做的有:户外的走路、跑跳、伸展身体;室内的跳舞、捉迷藏、角色扮演。

这个模仿的游戏,我在一些探索自我的课程中学习过,也在我自己的培训课程中教授过。每一次我尝试这个练习的时候,我都仿佛变成了对方,可以更深入地理解对方。而我的学员也反馈,这个模仿的练习是他们最喜欢的练习之一。

3 分钟的时间也可以拉长,甚至 30 分钟都可以。时间越久,你的发现也会越多。

🏛 案例 16　二宝出生后,老大就跟老二不对付,怎么办?

在跟我对视的家庭中,还有一部分是有两个孩子的家庭。

这部分的家庭也比较有代表性。

2020 年 2 月,我跟一个二宝家庭对视直播。这次是只跟大儿子对视一分钟。

在直播前,妈妈发来这样的诉求。很困惑为何孩子在家总爱哭,在外面尤其是学校就不爱哭,大家都反映挺听话的,也会表扬孩子。

> ‹ 2.25对视直播(3)　　　　···
>
> **男孩 + 7 岁（还有20多天满 7 岁）**
> **诉求:孩子经常因为一点点事情哭,**
> 有时候自己事情没做好哭,有时候
> 对方没做好也哭,但在外人面前很
> 少哭,在家特别爱哭。

带着这个问题,我连线了杰杰(音)小朋友。

直播一开始,我就问杰杰:"以前有没有做过对视一分钟的游戏?"

"有,在幼儿园的时候,经常跟小朋友对视。老师让我们比赛,看谁保持不动坚持的时间长,可以眨眼睛。"

成功连线后,我简单介绍了做一分钟对视的全部流程。接着,我问这位妈妈:有什么是重点想了解的部分?

这位妈妈说,特别期待了解孩子的性格,希望对视围绕为何孩子在家哭泣、孩子的性格这两大需求。

在跟我对视的时候,杰杰基本上全程都是眼睛看向右下方,既没有看屏幕,也没有看摄像头。并且全程孩子的两个嘴角是向下垂的。之后,我提醒杰杰看摄像头,杰杰才看了几秒,之后又看向右下方。

在对视结束之后,我给杰杰做了反馈。

性格:我让杰杰选,他觉得自己更像四种动物中的哪一种,老虎、孔雀、猫头鹰还是考拉熊?杰杰的大眼睛就开始骨碌碌地转起来,说明他在思考。过了几秒钟,孩子还是没说话。在一旁的妈妈有点着急了,就问:你选哪个呀?老师问你呢!我继续等待没说话。又过了一会儿,杰杰终于问:考拉熊长什么样? 我不知道怎么选。我说,那就把考拉熊换成小白兔,你选哪个? 这时候杰杰就说,他选老虎,并且自己接着说原因。他说:他会因为弟弟着急,会凶弟弟,心里会冒火。

我就对杰杰说:你觉得自己像老虎,会着急,心里冒火,可是老师看到你是完美型,也就是猫头鹰型。

之后,我向他们解释:

首先,孩子的眼珠抖动方式是完美型。

其次,在选择四种动物中的一个时,杰杰不是快速抢答,而是认真思考。在不知道考拉熊长什么样子的时候,选择提问。说明他内在是很有逻辑的,并且语言表达能力也比较好。

最后,在回答选老虎的时候,还自己说出了选老虎的原因,也再次证明他内在的逻辑性很强。

虽然在视频连线开始时小朋友比较活跃,但是从一分钟对视和后续的沟通中,还是可以观察到孩子的性格是完美型。

情绪压力:可以看到小朋友最近的压力比较大,在黄色区域。而且孩子的表情,尤其是嘴角向下,跟对视前完全不同。因此,这部分很可能跟弟弟让杰杰心里冒火的感受有关。

潜能:猫头鹰型,或者是完美型的孩子,特别擅长逻辑分析。所以,杰杰小朋友很可能会成为一个专业型的人才。他喜欢钻研自己喜欢的领域,并且带着他擅长的逻辑分析能力不断探索。而且杰杰的口语表达能力也比较强,这一点也可以进一步培养。

我问杰杰给我打多少分?

"10 分。你把我心里话都说出来了。"

而且杰杰在给我打分的时候,是经过了几秒钟的认真思考,转了转大眼睛之后再给出的分数。

之后,我给杰杰妈妈的反馈是:杰杰是一个完美型的孩子,因

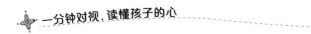

此，他需要时间整理思路，也需要时间整理语言去表达他的想法。孩子才7岁，词汇量和表达能力还在发展的过程中，30、40岁左右的家长们，真的不能强求孩子立刻回答自己的问题，要有耐心一些。

在说话的时候，尽量保持视线平行，看着孩子的眼睛说话。

另外，为什么杰杰在学校表现好、受表扬，回家就哭闹呢？

这要看家长对于老大和老二的关注程度。

老大在4岁之前，曾经是家里的核心，每个人都围着他转。妈妈亲，爸爸爱，爷爷奶奶姥爷姥姥哄。可是当弟弟出生之后，全家人都围着弟弟转了，以为这个哥哥已经长大了。可是在4岁的孩子看来，是弟弟抢走了爸爸妈妈的爱，自己不能再像以前一样享受爸妈全部的关注了。

如果他没办法说出自己内心的想法，看到弟弟哭，他也会哭。因为他知道弟弟哭了，爸妈会去关注弟弟。他也哭，爸爸妈妈就会来关注他。

可是如果这个时候，爸爸妈妈不来关注他，反而训斥他不懂事，不让着弟弟，给爸爸妈妈找事，这样老大就会更加委屈，就会更难过，除了哭，他还能怎么办呢？

所以，二宝家庭，还要保持对大宝的关注。

说完这一番话，我就问坐在一旁的杰杰："老师是不是说出了你的心里话？"

"对！"

因此，杰杰妈妈要学习跟孩子商量，什么是老大渴望的爱和关注的方式？给老大高品质的关注，让老大感受到妈妈爸爸对他的爱没有减少。

老二的出生，会让老大感到危机，因为曾经独占的爱被瓜分。让老大感觉到，老二是来跟自己争抢资源的。所以，在二宝家庭中,家长一定要更加关注老大的感受。

如果家长每次都说"老大要让着老二"这样的话,会让老大更加委屈。老大其实内心还是一个孩子。当老大没有充分享受到父母的关心和爱意的时候,他们是很难敞开心扉接纳老二的。

✿ 练习15　教你学会5-4-5呼吸法

跟你分享一个稳定情绪的呼吸方法。有时孩子和家长会出现情绪起伏,甚至情绪大爆发的瞬间。这个稳定情绪的呼吸方法,可以帮助你快速平静下来,更加理智地沟通。

方法是非常简单的三步:

吸气默数5秒;

屏息默数4秒;

呼气默数5秒。

特别注意保持腹部一起一伏的腹式呼吸。只需要3~5次这样的呼吸,就可以让你平静下来。如果你想要更好的效果,可以每天花5~10分钟练习,当作自我放松的呼吸法。因为这个方法是美国心脏协会特别推荐的方法,可以通过调节呼吸,调节心律,从而调节情绪。

最开始提到的5-4-5呼吸法,你还可以下载"Calm静静"这个App,通过手机计时帮助你练习这个技巧。

第三节　关于妈妈:只有先照顾好自己,才能照顾好孩子

在我对视的家庭中,多数是妈妈带着孩子参加对视的。这并不奇怪。在3~10岁这个阶段,大多数家庭是母亲负责孩子的教

育和生活。因此,我也跟很多妈妈进行了一分钟对视。我发现,很多妈妈都没有照顾好自己,甚至牺牲自己,奉献自己,同时又在内心压抑自己的委屈,或者抱怨家人。

接下来,我会分享几个没有照顾好自己的妈妈和孩子的对视案例,希望这些案例能给你一些启发。也通过练习,帮助你学会照顾自己。

我相信一句话:一个懂得爱自己的妈妈才能教会孩子如何爱自己,爱生活。让孩子幸福快乐一生的前提是:父母先幸福快乐。

案例 17 你是否也有一个总爱抱怨的家长?

2019 年的春天,我经常去上海的某个公园,跟一个个家庭对视一分钟。我期待通过观察他们的眼睛,了解每个家庭背后的故事。

一天,我遇到了一位带着 3 个女儿的单身妈妈。大女儿 14 岁,二女儿 4 岁,三女儿 1 岁多。

我首先跟这个妈妈对视一分钟。这个妈妈是权力型。对视过程中,她眉头不自觉地皱了起来。我可以感受到她肩上有很大的压力,家庭和工作的压力都非常大。

和她交流后我才知道她是做亲子教育培训的,同时,她还是芳疗师和美容师,具有很多职业技能,拥有很多证书。

紧接着,我跟她 14 岁的大女儿对视。从大女儿的眼珠抖动方式来看,她兼有权力型和平和型的性格特征。我还看到她对人际关系的建立有比较高的标准。

在后来的沟通中,小姑娘说,她真正的朋友不多。也许她再过 10 年,性格会有很大的变化。因为她以前的性格不是现在这样的,以前她很爱跟别人讲话,而现在不会了。

本来,我还想跟一同在场的外婆对视一分钟,但这个时候外婆要起身去扔垃圾。结果大女儿不乐意了,说:"现在就我一个人,你去扔垃圾,我怎么看得过来两个?跑走一个,我怎么办?"

外婆不吭声了,开始给 4 岁的二女儿穿袜子、穿鞋子,而且一边穿着袜子一边抱怨,对我说:"我们住在大华,很远的。出来一趟都累死我了。骨头都疼。烦死了。"

在一旁的大女儿听到这些话,一句话都不说,保持沉默。而妈妈在远处接着工作电话,很大声地讲电话。

从这次对视中,我感受到了爱抱怨的家长对家庭成员产生的巨大影响。

这个外婆,几乎全程没有笑容,眉头紧锁着。

这个妈妈,在跟我聊天的时候,会带着礼节性的笑容,不过在对视的时候,就会不自觉地皱眉。

这个 14 岁的大女儿的眼神是没有快乐的,而且还会不停地咬嘴唇或者舔嘴唇,这是典型的紧张或者不自信的微表情。

4 岁的二女儿和 1 岁多的小女儿也是微微皱着眉头看着我这个陌生人。

一家人都有皱眉的表情。

看到这样的外婆、妈妈和 3 个女儿,一方面,我感受到这位母亲的伟大和坚强;另一方面,也为抱怨的外婆感到难过,她每天的言传身教是最重要的亲子教育。

"烦死了""累死了""不"这些负面的语言,携带着非常大的负能量,都传递到孩子的耳中,会对孩子的性格产生深远的影响。

你是否也有一个总爱抱怨的家长呢?

这个爱抱怨的家长做了所有他/她能为你付出的事情,但总是不停地抱怨着。

你听到他/她的抱怨,就会忽略他/她的行动和付出,内心更多的是想远离,而不是靠近。

在前文提到的恒河猴实验中,小猴子会去铁丝猴子妈妈那里

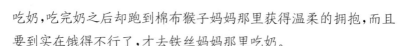

吃奶,吃完奶之后却跑到棉布猴子妈妈那里获得温柔的拥抱,而且要到实在饿得不行了,才去铁丝妈妈那里吃奶。

你扮演的是铁丝妈妈还是棉布妈妈的角色呢?

你是什么温度的妈妈?

你的父母是铁丝家长还是棉布家长呢?

如果有这样爱抱怨的家长,很多人都会选择屏蔽,像这个 14 岁的大女儿一样,保持沉默;或者像这个妈妈一样,跑到一边做自己的事情;甚至逃离家庭。

不论保持沉默,还是逃离家庭,都是暂时的解决办法。在当时的状况下,这也许是你唯一能够选择的方法。

但是,随着年龄的增长,如果你选择改变,你就要学习如何面对这个曾经真实发生在你身上的事件,你要学习如何看到你内在的受伤小孩。

✿ 练习 16　用问答题探索内心的声音

找一张纸或者笔记本,写下下面问题的答案:

(1) 痛苦在我生命中的意义是什么? 痛苦如果是一个人,他/她要告诉我什么?

(2) 如果我不曾经历这样的痛苦,我现在会是什么样?

(3) 凡事发生必有其因,必有利于我。如果带着这样的信念,再去看痛苦,它有什么变化?

凡事发生必有其因,必有利于我。这句话是 NLP 中很有名的一句信念,也是替换原有信念为新的信念系统的 12 个句子中的一句。

很多人一直待在痛苦中,比如,不离婚,不辞职,或者忍受批评打击,不做出应对,那一定是因为这样在某种程度上会带来一些好处。如果一直在痛苦中,痛苦是有好处的。

你不仅要看到痛苦的坏处,也要看到痛苦的好处。

再说说这个抱怨的外婆。她痛苦吗?痛苦。她要照顾单身的女儿,帮助她带 3 个孩子。她累吗?累。但是,她从这个痛苦中,是否也有些收获呢?也许,她可以每天陪伴在女儿身边,也可以看着孩子们一天天长大。如果女儿有幸福的家庭,也许这个外婆就不会跟女儿这么亲密。

美国著名的家庭治疗师维吉尼亚·萨提亚(Virginia Satir)在接待客户时,总是会问两个经典的问题。

第一个问题是:你现在感受到什么?

客户也许会回答:难过。

萨提亚接着会问第二个更重要的问题:那你对你的难过,又有一种怎样的感觉?

客户也许会回答:啊,我对我的难过,我感到崩溃啊!

萨提亚说:你回应难过的方式,决定了难过对你的影响。

是的,你回应难过的方式,如果是"我不要难过,我太痛苦了;我不要难过,我感受到无力,感受到自卑,感受到被抛弃",那么,你是让"难过"这个小战争变成大战争,让"难过"这个小混乱变成大爆发。

如果你换一种方式,回应难过的方式变成"也许这个'难过'能帮助我超越某一个限制,帮助我在旅途上成长",如果用这样的方式回应"难过"这个问题,也许这个问题就不再是小问题,而是一个资源。回应问题的时候,你的能量、你的状态、你的情绪,决定了这个问题是问题还是资源。

❀ 练习 17　是问题还是资源?

在纸上写下以下问题的答案。

(1) 如果没有任何问题的拉扯,你会活出一段怎样的人生?重点写下你对以下三个部分的思考:与自己的关系,与重要他人的关系,与事业的关系。

(2) 是谁在拉扯? 是谁在创造问题?

(3) 是谁在负责? 这个人用什么态度去负责?

当你回答完这三个问题之后,再回顾你现在面临的问题,这个问题到底是一个问题,还是一个资源呢?

案例 18 小时候被批评,长大后遇到的挑战

在我的对视中,有一位妈妈叫小叶子(化名),她跟我对视的目的是孩子的教育问题。

她问:"我不会控制情绪,容易被别人的话带着走,这是不是受自己原生家庭的影响? 在教育孩子上,自己感觉做得很差。我很爱孩子,但不知道怎么和孩子沟通。"她接着说:"我想先请老师和我对视一下,然后再和您约时间对视一下孩子,还有孩子爸爸。"

给小叶子的对视反馈:

(1) 性格是权力型,也就是老虎型。但是在对视的过程中,她有几次抿嘴、咬嘴唇的微表情,说明她虽是老虎型,但是很不自信。

(2) 当下的情绪压力,她有很多委屈(刚说到这里,小叶子就开始不停地流眼泪,说自己泪窝浅)。因为是权力型,所以抗压能力比其他性格的人要强一些,当下的压力在可控范围内,也说明隐忍了很多。

(3) 原生家庭的影响,她的两边脸给我的感受是一半火、一半冰。从眼神中能看出她的左眼冷、右眼暖。这点还是挺少见的。通常人们两只眼睛的神态是一样的,但是有些人左右两只眼睛的神态是完全不同的。这也是我经过大量的对视观察之后发现的一种现象。所以,这个现象也反映出小叶子的原生家庭中一个人很有控制欲、要求很严格,另一个人会比较温暖和包容。(小叶子立刻说确实是这样。)

（4）身体病痛，从开始对视的第5秒开始一直到一分钟结束，我都明显地感受到，从胃一直到口腔都很不舒服，想吐，犯恶心。我就问小叶子是不是小时候吃饭时总有人批评她。听到这里她有些激动。她说在小学4~6年级的时候几乎每次吃饭都会挨训，因为学习不好，也不爱学习。她从小是被妈妈带大的，对她要求严格。爸爸在外地。每次吃饭她几乎都是掉着眼泪吃完的饭。

我继续问："是不是很想吐，很想放下筷子跑开，可是还是得忍着咽下去？"

她说："不能放筷子，放下筷子会被训得更厉害。"

她还说："后来上了中专，毕业之后有一个还不错的机会，就进入了现在的工作单位，一直混到现在。大宝是儿子，马上读小学二年级了。二宝是女儿，三岁。"

听到这里，我可以想象她的状态。

（1）小时候，她的母亲对她非常严厉，总是批评和责骂，所以她内心很渴望有人对她温柔。现在的她，把内心的渴望投射给自己的家人和孩子，对他们尽量温柔，即使委屈，也埋在心里。把自己渴望的，没有得到的部分，给了自己想爱的人。这就像卓别林在经典的无声电影《寻子遇仙记》（The Kid）中刻画的一样，自己虽然一贫如洗，却把曾经缺失的爱都给了这个孤儿。所以，小叶子最需要学习的不是如何培养孩子，不是如何跟家人相处，而是如何鼓励赞美自己，让自己学会表达情绪。

（2）小叶子在单位上班，一定也是很勤恳地工作，把内心的想法、创意、改变的态度都藏起来，因为她不希望犯错，不希望被批评。

这样的小叶子，完全变成了一只小白兔，完全没有了老虎型的那种状态。所以，我在对视了一分钟之后，就知道她为何作为一个权力型的人竟然这么不自信。最根本的原因是来自她原生家庭中的批评和责骂。

如果你也从小就被严厉的父母批评、责骂的话，会出现两种发展路径：一种是像小叶子一样，变成一只乖乖的假小白兔；另一种是变成特别叛逆、情绪暴躁的大老虎。你要在这样的家庭中生存下来，应对严厉的父母，要么忍受，要么反抗。

如果你最终跟小叶子一样，选择隐忍，我再给你分享第 18 个练习。这个练习也许不能解决你所有的问题，但是会让你的情绪在一定程度上得到释放。情绪释放之后，再进一步去调整自己对于原生家庭的信念和价值观。只有当你重新建立起新的信念和价值观体系时，才会真的从原生家庭的伤害中走出来。

🌸 练习 18　原始嘶吼

找个没人的地方，或者周围的人听不到你声音的地方，比如在地下车库中坐在自己的车里，或者是隔音效果好的房间里，或者是一片开阔的地方。我认识的几个朋友是跑到黄浦江边完成了原始嘶吼的练习。也有人爬到高楼的顶层去完成这个练习。总之，你要找一个让你可以彻底放松、没有任何人可以干扰你的地方。

找好场地之后，你要做的就是喊叫。大声喊出心中所有的委屈、悲伤、愤怒等情绪。一直喊到什么时候呢？也许是你哭得累了，喊得累了，一直到出了一身汗，头顶和后背都是汗，并且整个胸口仿佛变空了，这个时候原始嘶吼的练习就做完了。

这个练习还可以用打枕头的方式代替。你可以在家里不停地打枕头，或者也可以买一些可以捏的舒压玩具。这两种方式，在露易丝·海（Louise Hay）的畅销书《生命的重建》中特别强调过。

我也曾经做过这个原始嘶吼的练习。这个练习，我是在家里完成的。刚开始，我是小声哭泣，还自言自语地说自己的委屈；后来想到了其他事情，更加伤心，就哭得越来越大声；之后就大声喊叫了几声。当时，我家养了 4 只猫。其中一只跳到桌子上，歪着脑袋看着我,另外 3 只在不同的位置,蹲在地上悄悄观察我。看到它们 4 个,我继续哭泣,纸巾扔得满地都是。我当时心想:一定要把这些情绪都哭完。

后来,我哭累了,感受到从后背到头顶有一股热气在冒出来。而胸口仿佛变空了,没有之前那么堵了。这个时候,我对让我哭泣的事件又有了一个新的认知。我对自己说,也没什么大不了的。然后我就擦干眼泪,去摸摸我的小猫们。而它们也回应我温柔的喵喵声。瞬间,我觉得我都放下了。我只要专注做我自己可以把控的事情就好了。

那一次两个小时的大哭,是我成年之后难得的大哭。现在回想起来,还挺爽的。

后来,我还跟很多来咨询的朋友分享这个原始嘶吼的方法,我发现他们的表现分为三种:第一种是马上找时间完成了原始嘶吼;第二种是选择小声抽泣,然后就不再进行了;第三种则根本没有尝试。

如果你属于后两种人,那这个原始嘶吼的练习不是你第一步要做的练习,因为你的情绪已经被厚厚的硬壳封锁住了,很难立刻嘶吼出来。那如何让这个硬壳慢慢脱落呢? 后续我会跟你分享,请继续阅读吧!

练习 19 用 EFT 的方法处理胃痛或其他身体疼痛

小叶子提到,她小时候经常一边吃饭一边被妈妈训斥,这对于一个青少年来说是非常不利于身体健康的。所以我想,小叶子的消化系统一定不太好。

如果你小时候也跟小叶子一样,经常含着眼泪吃饭,或者一边吃饭一边听着批评责骂,请你完成第 19 个练习:用 EFT 的叩击法,敲击你的胃部和食道。具体做法如下:

（1）把你的左手或者右手的五个手指头聚到一起，变成一个小榔头的样子。

（2）大声说10遍"我爱我自己"，之后在心里默念10次"我爱我自己"。

（3）一边说这句话，一边用小榔头从下往上，从胃部开始往上到胸口，最后到喉咙，一直叩击。

在做叩击的时候，你可以想象自己是小时候那个一边吃饭一边哭泣的孩子，但是你现在正在用"我爱我自己"这句话和叩击的方式告诉自己，你知道如何爱自己，你知道如何爱你的身体，你也知道如何让胃等消化系统更好地工作，因为你现在已经长大了，你可以为自己负责了。

也许在叩击的时候，你会打嗝，你会流泪，这都没有关系，去感受自己的身体就好。当你的整个胃部、胸口、喉咙都微微发热时，停下来，再去感受一下你的身体。也许你会觉得轻松一些了。

这个练习跟练习6"爱自己，拍这里"一样，都是运用EFT的敲击的方式去处理。

不同之处在于，这个练习是只要身体有不舒服的地方，就去用手指小榔头敲击，同时说"我爱我自己"。第6个练习是先找情绪在身体上的位置，找到位置后敲击，并且用一句话概括"即使我_____（插入情绪词语），我依然百分百爱自己，百分百接纳自己"。一边重复这句话，一边敲击。

简单来讲，练习6是从情绪找敲击点；练习19是直接敲击身体，不提取情绪词语。

当然，你还可以把两个练习结合起来。不论你是先感受到情绪，还是先感受到身体的感觉，都可以在遇到烦心事或者身体不舒服的时候，对自己说"我爱我自己"或者"我百分百爱自己，百分百接纳自己"。

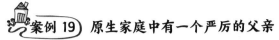

案例 19 原生家庭中有一个严厉的父亲

一天,有个妈妈说希望我跟她先对视,然后再跟她先生和孩子对视。第二天早上8:30我们进行了对视。因为这个妈妈说,她只有那段时间可以不被打扰。

对视后,我发现这个妈妈属于权力型,眼珠完全不抖动。可是再看她的眼神,却看到了一丝愤怒,也看到一些悲伤。

我给她的反馈如下:

(1)性格:权力型,有领导力和影响力。但是受到情绪的影响,并没有充分发挥出来。

(2)当下的情绪和压力:压力可控,情绪中有愤怒,也有悲伤。

(3)原生家庭的影响:也许家庭中有严厉的男性,批评很多,表扬非常少。所以现在她仿佛在复制当年父亲的行为方式,很容易对他人发火,也很容易苛责自己。(当我说到这里时,这个妈妈就开始噼里啪啦掉眼泪,止都止不住。看到这种情况,我心里就清楚了,这个权力型的女士其实有很多天赋都被压抑了,因为她不知道如何与自己的情绪相处,更不知道如何跟别人的情绪相处。)

(4)身体:基本健康。

(5)未来潜能:虽然我看到这个妈妈内在有一个受伤的小孩,但是我同时还看到她的内在有一个特别天真、活泼、自信、有创造力的小女孩。(当我说到这里时,这个妈妈哭得更厉害了,整个身体都抖动起来。)我继续跟她说:你其实非常有领导力,是非常有影响力的人,并且也可以取得很棒的结果。但是,你内在的开心小孩被压抑很久了,你要学习,让这个开心小孩和受伤小孩都被你看见。

反馈结束之后,我也请她给我打分,在1~100分之间打分。结果这个妈妈给我了98分。我又接着问:哪几点你觉得说到位

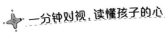

了？她说：第一点性格、第三点原生家庭和第五点未来潜能。

我又问：你给我的反馈是什么？觉得我是什么样的人？她说：老师是一个温柔、坚定、大度的人。

我紧接着说：你说我是温柔、坚定、大度的人，其实你也是一个温柔、坚定、大度的人。她立刻说：我没有那么大度。

我说：你可能觉得你没有那么大度，是因为你曾经没有被大度地对待，而是被批评。所以，你才会渴望别人可以大度地对待你。但是，如果你内心没有大度的感受，没有这个信息，你是看不到我的大度的，所以，你也是大度的。

当我说到最后一句"你也是大度的"时，这个妈妈又开始掉眼泪了。

所以，读者小伙伴，你看到了吗，为什么我会让对方在对视的过程中也写下他/她对我的性格评价？不是单纯为了好玩或消磨时间，而是从这些词语中，你能看到对方内心的闪光点。因为，这些词语能被选出来，一定是有原因的，也许是他/她内心中的某种投射。关于投射，心理学中还有专业的测评，你可以试试。比如罗夏墨迹测验、主题统觉测验。如果你只是想体验，可以选择用 OH 卡等市面上常用的卡片来感受一下。

再说一句题外话：你如果仔细聆听别人语言中的用词，你真的可以看到他们的内心。

✿ 练习20　内在受伤小孩和内在开心小孩

在第二章，我跟你分享了每个人内在的 7 个角色，并且分为 3 类：父母、成人和孩子。

在弗洛依德的精神分析理论中，还把人的内在精神分成 3 种人格：本我、自我和超我。

简单地讲，本我是本能，是我们的动物性需要；超我是符合社会价值观的道德约束;自我是调节本能需要和社会价值观之间的阀门。

对照 38 页的图片,可以粗略地把本我对应最下面的圆圈,也就是 4 个小孩的部分;把超我对应最上面的圆圈,也就是 2 个父母的部分;而自我则对应中间的圆圈,也就是成人的部分。

每个人的内在其实都有很多个声音,就好像开董事会一样,各有各的观点和角度。开会的时候,有些声音保持沉默,有些声音说个不停。每个人的内在都有内在受伤小孩,也有开心小孩。所以这个练习的作用就是整合 4 个小孩的声音。当你学会如何在你的内心开董事会时,就会表现得更加成熟,有更好的结果。

在这里,我先给你分享一个简单的练习。关于这 3 个圆圈的练习,可以有多种变化。但是鉴于文字表达的局限性,我只能在书里分享一部分。如果你愿意继续探索,也可以联系你周围的心理咨询师或者对自我成长感兴趣的伙伴们,一起开发新的用法。

下面我跟你具体介绍第 20 个练习:内在受伤小孩和开心小孩。

准备以下物品:

(1)两把空椅子。

(2)做记录的纸笔。

(3)录音或者录像设备,方便自己回放。

流程:

(1)把两把空椅子并排放置。此刻你左手边的空椅子代表受伤的小孩。你走过去并坐在椅子上。这时,你是受伤小孩，想象你的对面站着你的父亲和母亲。你坐在椅子上，看着对面的父母，跟他们说话。

首先，说出你曾经的痛苦、悲伤和由家庭带来的创伤。比如，具体发生了什么事件，涉及的家人是谁，那个时候你几岁，在什么场景下发生的。

接着，说出你当时有什么样的情绪。比如，感到悲伤，被忽视，感到很委屈，等等。

最后，说出你的期待、你的需要，期待自己父母做出的改变。比如，我希望妈妈看看我，抱我一下。我想让妈妈也给我吃一口巧克力，而不是全都给弟弟吃。

说的内容和顺序是：事实、情绪、需要。

（2）全部说完之后，从受伤小孩的椅子上站起来，走到开心小孩的椅子上，也就是受伤小孩的旁边，坐下来。这时，你是开心的小孩。想象你的对面站着你的父亲和母亲。想想你们曾经经历的开心的时光，你就对你的父母说出你曾经的轻松和快乐经历。

首先，说出开心的经历，具体发生在几岁的时候，涉及的家人

是谁，场景在哪里，具体发生了什么开心的事件。

其次，说出开心的情绪。尽量用描述情绪的词语，比如，感受到温暖，感受到被重视、被接纳等。

最后，说出你的期待和需要。比如，期待父母做得很好的部分，期待他们要保持的部分，如微笑的注视，拍拍肩膀的鼓励，一起打游戏，一起户外旅游，等等。

说的内容和顺序仍然是：事实、情绪、需要。

（3）当你把开心小孩也诉说完之后，站起来，走到两把空椅子的前方，站着俯视眼前的两把空椅子，再做一次整合。

首先，回顾自己是否又想起了什么？你可能还会想起一些久远的，甚至记忆模糊的事件。

接着，问自己以下问题：为何这些事件我还记得呢？记得这些事件对我有什么益处？即使这个记忆可能是悲伤的、痛苦的，甚至是绝望的，我为何还选择记住它们呢？是还有记住的好处吗？这么多年过去了，我还选择记住的意义和价值是什么？

最后，回答以上这些问题后，给自己做一个决定，列出计划。为了实现你的期待和需要，你可以做些什么呢？你如何更好地爱自己呢？把自己的计划写下来。

比如，有些人的计划是给父母打个电话；有些人是给自己放个假，去电影院看一场电影；有些人是在江边散步，或者睡到自然醒。不论你的计划最终是哪个，都请记录下完成的截止日期。最终落脚点一定要落在具体的行为上。到了这一步，第 20 个练习就真正完成了。

❀ 练习 21　左手和右手的练习

在练习 20 中，你已经学会了如何跟自己的内在受伤小孩和开

心小孩对话。而第21个练习是第20个练习的2.0版，这个练习的目的是整合内在两个小孩的声音，给你新的觉察。

流程：

站直身体，右手自然下垂。伸出你的左手，手心朝上，想象左手的手心里放着内在受伤小孩。然后慢慢地把这个手心放在自己的胸口，对自己说："受伤小孩，你是我内在的一部分。今天，我看到你了，我听到你了，我感受到你了。"

然后把左手放下，放在身体旁边的裤缝处，保持3～5个平稳的呼吸。

站直身体，左手自然下垂。伸出你的右手，手心向上，想象右手的手心里放着内在开心小孩。然后慢慢把手同样放在胸口处，对自己说：开心小孩，你是我内在的一部分。今天，我看到你了，我听到你了，我感受到你了。

然后把右手放下，放在身体旁边的裤缝处。

同时伸出你的双手，平举到眼睛的正前方，与肩膀同高。先慢慢地让受伤小孩再次来到胸口处。之后，让右手的开心小孩也来到胸口处。让右手手心贴着左手的手背。之后对自己说："今天，内在受伤小孩和开心小孩，你们俩看到了彼此，听到了彼此，感受到了彼此。你们俩都是我内在的一部分。现在，我们都在一起了。"

说完之后，深呼吸，静静地待一会儿，感受自己的身体，感受自己的思想，做进一步的内在整合。

到这里练习21就完成了。

也许你的胸口会有一些不一样的感受。也许会觉到胸口暖暖的，也许想流眼泪，也许身体放松了下来，当然可能还会有其他的感受。就让这样的感受在身体里流动。

当你跟随着这本书，完成一个又一个练习，你的内在世界就会不断整合。内在世界改变了,你的外在世界也就改变了。因为,你对待自己的态度改变了,你对待家人、朋友、同事甚至陌生人的态度就都改变了。你的内在和外在都改变了,仿佛是做了一次心灵的断舍离。这是一个很美好的体验。

这些练习,每一个我都做过,甚至做过不止一遍。有些还跟一些朋友和咨询客户分享过多次。因此,这些练习是我认为简单、有效、能够带来改变的练习。也期待你认真地对待每一次练习,把它们当成一次次的身心断舍离之旅。

案例 20　一家三口竟然都是老虎型? 到底谁是老大?

我在 2020 年的 2 月跟一家三口通过视频对视了一分钟。结果这一家三口都是老虎型,非常有代表性。

孩子妈妈受她父亲的影响很大,因为她父亲非常严厉。

孩子爸爸则是受他母亲的影响很大,因为他曾经跟母亲有分离的伤痛。在跟孩子爸爸的对视中,他出现了多次口腔周围的小动作。根据我的对视观察经验,通常口腔周围的小动作,都代表口腔期爱的缺失。也就是说,他在小时候,0~3 岁左右,跟母亲或者重要亲人有分离,并且这个分离让他有了焦虑情绪。除此之外,孩子爸爸还出现了一个微动作,不自觉地咬紧牙齿,就是通常说的"咬紧牙关"。这个微表情说明他为了努力实现目标,会给自己打气,面对困难非常坚持。这一点没有好坏之分,只是说明他当前的状态。这一个咬紧牙齿的动作,跟案例 4 中 12 岁的女孩是一样的。

孩子爸爸的眼神透露出一种无奈的神情。这种无奈也许来自家庭,也许来自工作。虽然我并不确定来自哪里,但是我确定的是,孩子爸爸是老虎型性格,向往权力,向往自由,向往成就感。但是对这样的老虎型而言,如果遇到了极大的阻力,就会让他们感受到无奈。通常他们的抗压能力很强，属于越挫越勇的类型。可是，一旦阻力超过他们的能力，就会露出无奈的神情。

更有趣的是，从这位爸爸的眼中，我还看到了一些画面。

从这个爸爸的右眼，我看到了一个孤单的小孩，不确定这个孩子是这个爸爸小时候的样子，还是别人的样子。这个小孩子在犹豫，不知道要远离还是靠近亲人。他一会儿背对着家人要离开，一会儿又转过身去看着家人。他就在这条路上犹豫不决。

这个爸爸的左眼透露出一个不同的画面。我很确定是这个爸爸小时候的样子，他坐在餐桌前，正在吃饭。可是餐桌周围没有其他人。不清楚是真的没有人，还是这个吃饭的小男孩活在自己的世界里，看不到也感受不到其他人。

在我给这个爸爸反馈之后，这个爸爸给我打了 75 分。他说性格、压力、潜能等部分比较准确。但是关于分离、关于吃饭的画面，他已经记不起来是否有相关的经历了。

有趣的是，我后来收到他太太的微信，说我的反馈很准确。

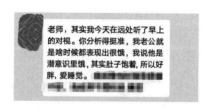

老师，其实我今天在远处听了早上的对视。你分析得挺准，我老公就是啥时候都表现出很饿，我说他是潜意识里饿，其实肚子饱着，所以好胖，爱睡觉。

是否真的准确，也许还需要时间去验证。但我很肯定的是，这位爸爸口腔周围的微表情是无法特意做出来的，都是一些习惯性的小动作，也确实反映出他内在的一些可能自己都没有觉察的信息。

和 10 岁男孩的对视就更有趣了。

孩子是一个内心有点小骄傲的老虎型，非常期待得第一名，目标感强烈，并且确实很优秀。所以虽然他年纪小，但内心的思维能力已经很成熟了。并且他只崇拜和尊重那些有成就的、成功的、实现了自己目标的、性格成熟的男性。

这些信息都可以从眼神中看出来，一点也不神奇，你只需要静静观察，就会自动浮现出来。不需努力，不需追寻，只需要静静地做一个沉默的观察者。

当我跟孩子反馈完后，孩子提了一个问题：我觉得自己更像孔雀型，因为我喜欢在舞台上接受掌声、鲜花和认可，为什么老师说我是老虎型？

这孩子的问题特别好。

老虎型的人和孔雀型的人，看似都喜欢舞台，喜欢掌声，但实际上完全不同。老虎型的人是要成为自己想成为的人，享受掌声、鲜花和认可，是因为实现了自己的目标。

而孔雀型的人，跟偶像拍了照片，甚至是跟偶像的蜡像合影，就觉得是很开心的一件事情了。

这两种行为看似都是享受鲜花和掌声，可背后的动力完全不同。老虎型的动力是实现目标，孔雀型的动力是开心、有趣。

听完我的解释，小朋友说：这回明白了，自己确实是老虎型而不是孔雀型。

最终，小朋友给我了 97 分的高分反馈。

之后，孩子还问了我几个问题，都是关于日常生活中跟家人沟通时发生的冲突。我把这个过程记录下来了，你可以从中学习如何跟孩子沟通。最后的结果是，孩子愿意尝试改变。

孩子问的第一个问题是：我正在用手机玩游戏，我妈就把手机抢走了。

这个问题的核心是围绕着边界感的。核心是家长对孩子该如何设立边界。

对于老虎型的孩子而言，他们就像是一个重视自己领地、重视自己权利的小老虎。如果有任何其他人进入他的领地，就会很警惕。如果打破他的规则，他会非常生气。所以，小男孩第一个问题就问这个，是显示他捍卫自己权利、保护自己领地的行为。而这样的行为背后的意图是一个正面信号：请你尊重我的领地，请你尊重我的权利，你不能随意破坏我的规则。

解决这个问题的方法其实也很简单——三步法。

第一，家长跟孩子约定每天或者每周打游戏的次数和时间，确立规则实施的时间，比如1周或者1个月。在这个期间结束的时候，可以更新规则。规则可以变更、保持，或者取消。要为规则留下一定的灵活度。但规则的制定和修改，都要与孩子平等协商。

第二，信任孩子可以为自己的行为负责。在孩子做自己的事情，比如打游戏的过程中，家长不要干扰或者打断孩子。比如打游戏的时间约定好了是1小时，错误的行为是家长不断提醒时间快到了，比如家长可能会说：还有15分钟，还有10分钟，还有5分钟，只有最后1分钟了，到点了，手机给我。

如果你的老板这样不断催促你，你会不会很心烦？

你会不会打心眼里痛恨这个老板不给你空间？

你会不会有故意把事情搞砸的冲动，或者想报复老板的冲动？

如果你有类似的感受，这个就是你孩子听到不断催促时的感受。

正确的做法是什么呢？有几个方法供你参考。

（1）让孩子自己设置1小时的闹铃，准时结束打游戏。

（2）家长和孩子一起看到设置的闹铃已经开始计时。整个过程中家长不提醒、不催促，让孩子自己听到闹铃的声音，然后停止打游戏。

（3）如果孩子在制定规则的时候，是包流量的一个月或者一周之内玩游戏多长时间，平均到每天的时间也许是半小时。某一天玩的时间超过了半小时,那就从未来支取时间。如果某一天玩了 15 分钟就停了,那余下的 15 分钟可以储存到未来一周之内的某一天。目的是让孩子有选择和支配自己时间的权利。

第三,如果孩子执行成功,可以给予奖励。奖励的内容可以是物质的,也可以是精神的。跟孩子一起讨论奖励的形式。如果孩子没有按照规则执行,除非不可抗力或者特殊原因,要给予孩子一定的惩罚,目的是让孩子有自己的内在边界感。

说完之后,我跟孩子确认。我问:这样跟爸爸妈妈制定好打游戏的规则,可以吗?

孩子立刻说"可以"。

第二个问题:老师,我妈妈为什么总是不敲门就进我的房间?

小男孩一直在"告妈妈的状"。

而这个问题其实是第一个问题的同类型延伸。刚才小男孩是"投诉妈妈"入侵他的时间领地,第二个问题是"投诉妈妈"入侵他的空间领地。

而产生这个冲突的原因,一是妈妈担心孩子一个人在房间不学习,打游戏,或者磨蹭,不信任孩子才会用这样的突击检查;二是妈妈觉得这是自己生的孩子,他不可以有秘密,不可以有自己的空间,作为妈妈有权也有资格随时突击检查。

但是,这个案例中的男孩子是一个具有反叛意识的老虎型,所以,他不会默默地接受父母的指令。家长越是严格,孩子越是反叛。

应该怎么做呢?

正确的方式是:

(1)家长的态度要改变。尊重孩子的空间领地,并且信任孩子可以在房间里自己做作业,信任孩子可以为自己的行为负责。

(2)家长跟孩子建立空间领地规则。比如进门之前要敲门。

跟孩子确认，如果家长敲几下门、敲了多久不回应就可以直接进门？比如：笃笃笃三下算一次敲门，笃笃笃三下再次敲门算第二次。孩子听到第几次敲门不回应或者不答应，家长可以直接进门。

还有一些家长对于孩子锁门的行为非常敏感，一看到孩子锁门就会很愤怒，甚至指责孩子：你锁门干什么？是不是在偷偷干坏事？快开门！

如果孩子听到父母这样的语言，孩子会有什么反应呢？

所以，孩子的问题不仅仅是孩子个人的问题，更是家庭中每个成员互动方式的问题。锁门的行为只是孩子的一个外在表现，实际在孩子的内心是期待家长给他空间。这个话题牵扯到更多深层的内容，在这里就不进一步展开了。

（3）关于在房间内写作业，孩子可以估计一共需要多长时间完成。在这段时间内，家长不要干扰孩子。

（4）如果孩子超过预估时间还没有完成作业，之后上学或者上辅导班等行程会受影响，家长不应该为孩子承担责任，应该让孩子承担他自己行为的后果。如果家长催促孩子写作业是担心孩子被老师批评，或者担心老师请家长去学校领孩子回家，那就是孩子没有承担自己的责任，父母在为孩子承担责任，这也是跨越了边界。

所以，解决的办法还是围绕边界感。边界之内的行为被鼓励和认可，超过边界的行为被批评和惩罚。而这个边界也会随着各种因素调整。所以，家长要不断跟孩子动态调整相互之间的界限。

第三个问题：老师，还有一个问题，我妈妈答应我做一件事，但是她说话不算数。

这个问题是关于承诺。

老虎型的孩子是一个特别重视承诺的人。家长如果有承诺在先，结果没有兑现承诺，孩子就会觉得家长是一个"骗子"，对家长的态度从期待变为失望。在一些孩子心中,他们只有对与错、好与坏、全部肯定和全部否定的二元法则。所以,在孩子年纪小的时候,要逐步建立孩子灵活对待承诺的信念和规则。但在最初的阶段,还是要先说到做到,之后再慢慢过渡到灵活对待承诺的状态。

另外,老虎型的孩子有时候还特别会要赖。他们会严格要求别人兑现承诺,对自己却会宽松处理,出现双重标准的行为。所以,家长在跟老虎型的孩子谈及承诺的话题时,要注意这一点。

第四个问题:老师,上次我妈妈拽我,把我弄疼了。

这个问题围绕的又是边界,是身体的边界。所以,作为家长,你真的要时刻觉察孩子的问题围绕的主题是什么。如果都是围绕一个主题的问题,就说明在这个主题上,你和孩子有不同的信念,有不同的规则。你们看待同一个事物有不同的感受和评价。而这个不同,就很可能产生冲突。

在了解了细节之后,我发现,孩子是想要围观看看某个事件的发展,但是妈妈担心人多有风险,就把孩子拽走了。

在我回答这个问题之前,我反问这个男孩子:在学校有没有人把你弄疼过?他回答"有"。我就问他如何应对。他说:"我就跟他说,你别打我了。"

我继续问他:"除了这么跟这个同学说,你还可以怎么做?"

"我还可以告诉老师。"

"还有其他办法吗?"

小男孩想不出来了。

这时候,我就给他出主意。因为小男孩课余时间学习弹钢琴,我就借助这个资源跟他沟通。

我说:"小朋友,下面老师给你演示一下我可能用的几种沟通方法。就像是老师示范弹一段钢琴曲,你听好了。

如果在学校有同学把你弄疼了，换成我，我会这样说：小张同学，你刚刚踢到我的左腿上了，我真的很疼，你不要再踢我了。

我说了事实，你踢到了我的左腿。我还说了我的感受，你把我弄疼了。最后，我还说了我的期待，你不要再踢我了。

你觉得如果这么和小张说，他会不会就不再踢你了呢？

如果像你刚才说的，带着生气的表情和语气说'你别踢我了！'是不是有可能小张还会踢你？

而换成老师刚才的说法，是不是有可能小张会跟你道歉？"

"嗯，是的。"

我继续说："所以，你在跟同学沟通的时候，要学习讲三部分：**你的事实，你的感受，你的期待。**

现在老师的示范演奏结束了，你来模仿老师的话，重复一下，就像你重复弹一遍老师刚才的曲调一样。"

"好。小张，你别踢我了，你刚才踢到了我的左腿上，我真的特别疼。"

"对，就是这样的三部分内容。当然如果你能够按照事实、感受和期待的顺序说就更好了。现在的顺序也可以。"

我继续说："现在我们增加一点难度，就好比加上一点伴奏一样。

如果你跟小张说了刚才的三句话，小张不但不向你道歉，还继续踢你，你该怎么办？"

"我去告诉老师。"

"是的，所以你要学习设立边界。第一次被踢了，你要学习警告对方，同时你还要学习让对方向你道歉。因为，你有这个权利要求对方向你道歉。老师再给你示范一下这个有难度的方式：

小张，你刚才一共踢了我两下，我很疼。如果你不停下来，不向我道歉，我就去找老师。

你觉得这样说,是不是表达了你的想法?”

“是。”

“好的,那你再重复一遍吧。”

小男孩重复了一遍。

我接着问:“如果小张还踢你,你去老师那里反映情况,你要怎么说呢?”

“我就说:老师,小张踢我。”

我继续说:“这样跟老师说,信息不完整。我们刚才不是讲过要讲三部分信息吗?事实、感受和期待。你可以跟老师这样说:老师,刚才小张踢了我的左腿三下,把我踢得很疼。我让他停下来,他不停下来。我让他向我道歉,他也不向我道歉。我想让小张以后不要踢我了,希望他向我道歉。

这样说,老师是不是一下子就明白了?”

“嗯。”

“你再重复一遍好吗?”

“好。”

“在学校里,同学把你弄疼了,你现在已经会沟通了。对于妈妈把你弄疼了是不是一样的呢?你是不是可以同样跟妈妈说:妈妈,你刚才突然拽我的胳膊,我很疼。你这样说,妈妈是不是会更容易理解你?如果你生气地跟妈妈说:你把我弄疼了!很可能你妈妈会反驳你说:我就轻轻拽了一下,怎么会疼?听到这样的话,你会更生气,妈妈也会生气。”

我继续问小男孩:“你希望接下来怎么做?”

“我想要狠狠掐她。”

“哦,你是想让妈妈也品尝一下你的疼痛感受,是吗?”

“是。”

“我理解了。那你可不可以这样跟妈妈说:妈妈,你刚才突然拽我的胳膊，你的手力量好大，一下就把我弄疼了，我还是一个 10 岁的孩子，你的力量对我来说是很大的力气。你把我弄疼了，你要向我道歉。

你这样说，妈妈是不是更容易理解你，也知道你期待的是一个真诚的道歉，对吗？"

"嗯。"

我继续对妈妈说："家长很容易犯的错误是很自负，不会给孩子道歉，会觉得你都是我生的，我凭什么给你道歉。可是，如果家长能够向孩子真诚地道歉，孩子就会真的看到父母的爱。"

最后，我对男孩说："你的妈妈是第一次做妈妈，她也没有经验，她也是边做边学。你是第一次做孩子，你也没有经验，你也是边做边学。所以，都不要给对方提太多的要求。"

听到这里，孩子妈妈的眼圈红了。

男孩的表情也变得柔和了很多。

我还跟这对母子特别强调了一点——**每个哭喊的孩子心里都有一句话：妈妈，请爱我。**

如果家长时刻记住这句话，亲子关系会很容易缓和下来。

解决了孩子的四个问题以后，孩子说没有更多的问题了。接下来，我就开始总结：

对于权力型的孩子要引导，而不是控制，越控制越反抗。

引导的方式是明白孩子的核心需求。权力型孩子的核心需求是尊重，是价值，是边界。要尊重他们的空间、时间和身体的边界。在引导他们做一些他们暂时不喜欢的事情时，要把这些事情与他们看重的价值联系在一起，比如，希望获得众人的认可这个价值，与完成作业的时间和质量，打游戏放松的时间分配结合起来。

对于权力型的孩子，他们渴望外在的欣赏和鼓励。所以，不论事情的大小，只要孩子有正面的表现和行为，就要夸奖他们。他们会跟吃了菠菜的大力水手一样,立刻变得强大起来。而夸奖、表扬、认可,也是一种强化。

另外,这个小男孩还有一个特别之处,就是只争第一,同时内心骄傲。我看到这一点之后就问他:你有没有想过,当你成为第一名之后,你接下来要做什么? 如果你没成为第一名,你会如何看待取得第一名的人? 内心是真诚祝福,还是嫉妒怨恨,还是把对方当成学习的榜样?

小男孩回答:从来没有想过。

所以,对于只争第一名的权力型来说,第一名是有范围的,第一名是有时限的,第一名只是一个幻觉。追求第一名的背后,追求尊重、认可、价值、实现自我等其他的信念,这才是权力型的深层目标。

一个内心骄傲的人,在社交关系方面容易出现挑战。在大卫·霍金斯博士的书《意念力》中,把骄傲的能量层级列入负向的能量。骄傲的分数是 175 分。而只有达到 200 分,才属于正面能量。200 分以下都是负面能量(参考案例 14 中的表格)。

这里给小男孩留的练习是阅读名人传记。

练习 22 如果你想做第一名,请你阅读各行业第一名的自传

小男孩喜欢弹钢琴,他也许无法成为下一个朗朗,但是可以通过阅读世界级钢琴艺术家的自传,学习他们为人处世的原则。

除了钢琴,也可以阅读其他领域精英的自传,比如可以去阅读迪士尼的自传、乔布斯的自传。通过阅读自传,学习他人的生活原则,这对于十几岁的少年来讲,是很有益处的。

当然,如果你早已不是少年,也可以通过阅读他人的自传,了解更多的生活方式,接触更丰富的信念系统。

所以,对于力争第一名的权力型来说,阅读各国名人自传,开

阔眼界,是一个不错的选择。

❀ 练习23　在人人都想做老大的家庭中,请定期开家庭会议

这个家庭中,爸爸、妈妈和孩子三个人都是权力型,三只老虎到底听谁的呢?如果都各执一词,真的很容易起冲突。所以,最好制定一个家庭会议的规则。

具体流程如下。

人员分配:主持人、秘书、时间官。

家庭会议流程:本次会议主题确认,发言人轮流发言(在约定时间内),会议结论确认,共同游戏。

家庭会议在最初的四次不要讨论任何具体的问题。比如,不要讨论孩子打游戏的时间问题,只讨论一家人如何一起游戏,比如,是否一起出去旅行,或者一起打一次保龄球。

目的是通过讨论玩耍的内容,熟悉家庭会议的流程,并且变成一种习惯。

固定家庭会议的频率、具体的时间和地点,并且专门找一个本子做会议记录。

每次家庭会议的角色都可以更换。比如这一次爸爸做主持人,下一次就可以做时间官。

在家庭会议的这个氛围中,孩子有了自我表达的场域,家长有了倾听的场域。切记不要把家庭会议变成批斗大会、吐槽大会。家庭会议是让爱流动的会议。

当四次会议的准备期结束之后,从第五次家庭会议开始,流程就更新为:主题确认,发言人发言,结论确认,游玩时间。

也就是说,从第五次家庭会议开始,每次会议都是在一家人的玩耍中结束的。比如,一起枕头大战,一起卡拉 OK 的 PK。把每一次家庭会议的终值体验,落在开心的玩耍上,就像是在迪士尼乐

园开了一个家庭会议,大开脑洞后一起看美丽的烟花表演。带着美好的体验结束本次的家庭会议,也带着期待迎接下一次的家庭会议。

以迪士尼乐园举例。迪士尼乐园的晚间烟花表演,会让游客的体验达到一个高潮,让游客带着美好的回忆离开乐园。这个结尾的美好体验,也可以称为终值体验。如果结尾好,会有回味无穷的效果。所以,在家庭会议中,如果以互动游戏结尾,就是发挥出终值体验的加强效果,会让家庭成员更期待下次家庭会议。

除了"终值体验",还有一个"峰值体验"。也就是说在一部电影中最高潮的环节,或者是一顿大餐中让你连呼"好吃"的硬菜。这样的"峰值"时刻也就是最佳闪光点。

峰值体验和终值体验合起来叫"峰终体验"。

一家人可以商量你们的家庭会议或者重大节日如何度过,哪个部分是峰值时刻,终值时刻又该如何设计。

如果能够带着这样的设计思维去设计家庭生活,相信你的家庭生活一定会充满各种温馨幸福的时刻。

练习 24 老公/老婆,我不是你的妈妈/爸爸

跟这个家庭的三位成员对视过之后,我还发现一个特点,就是家庭成员的次序错位,并且夫妻双方都在对方身上投射了自己原生家庭的核心人物。

爸爸在写我的性格的时候,特别写了一个词:温和。

妈妈在写我的性格的时候,特别写了一个词:大度。

温和,是这个爸爸希望有人可以温和地对待他。这一点,在对视反馈中,得到了他本人的认同。

大度,是这个妈妈希望她的父母可以大度地对待她,而不要总是严厉地、批评式地对待她。当我反馈说"你希望有人可以大度地

对待你"时,这个妈妈的眼圈就红了,泪水止不住流了下来。

这一对夫妇,内心都是一个小孩。太太希望先生可以做大度的父亲,先生希望太太可以做温柔的母亲。

这样的夫妻关系其实会有一些问题。先来看一下每个人内在的角色。

通常每个人内心都有三个人:小孩、成人和父母。

排列组合一下,夫妻双方的内在模型有以下几种:

(1) 丈夫小孩与妻子小孩。

(2) 丈夫成人与妻子成人。

(3) 丈夫父母与妻子父母。

(4) 丈夫小孩与妻子成人。

(5) 丈夫小孩与妻子父母。

(6) 丈夫成人与妻子小孩。

(7) 丈夫成人与妻子父母。

(8) 丈夫父母与妻子小孩。

(9) 丈夫父母与妻子成人。

在以上的模型中,相对稳定的是成人对成人,父母对孩子。

父母对孩子的外在表现是老夫少妻(丈夫像爸爸,妻子像女儿;当然也有妻子像妈妈,丈夫像儿子的)。

成人对成人,就是势均力敌的成熟人格的一对。

但是在我对视的这个家庭中,是小孩对小孩。

如果两个人都接纳对方小孩的内在,也是很不错的组合。两个人就像幼儿园过家家的小朋友,也会相亲相爱。

但是这个家庭中的小孩对小孩的模式只是外在展现,双方期待的都是父母对孩子的模式,希望自己永远做孩子,对方做父母,满足自己的需求。

这个练习会帮助你看清你内在的秩序,理解你的期待,认可这个期待。同时看清外部的事实,对自己的期待与外在的事实做充分理解之后,做出决定和改变。

如果夫妻双方关系比较融洽,可以一起做这个练习。如果双方关系有些紧张,或者一方不愿意参与,也可以一个人单独进行。

这里先介绍双方共同参与的流程。

夫妻双方面对面站着,保持适当的距离(两个人都觉得舒服,并且可以看清对方的微表情即可)。

先生先保持沉默,太太说出下面的语句:

"你期待你的父母(温和地)对待你。这是你的期待,这也是你制造的问题。

现在请你睁开眼睛,看着我。请你仔细地看着我。

我不是你的母亲,我是你的太太,我也只是你的太太。

谢谢你，我的先生。

对不起，我的先生。

请原谅我，我的先生。

我爱你，我的先生。"

结束之后，互换角色。

太太原地不动，不讲话。先生说出下面的语句：

"你期待你的父母（大度地）对待你。这是你的期待，这也是你制造的问题。

现在请你睁开眼睛，看着我。请你仔细地看着我。

我不是你的父亲，我是你的先生，我也只是你的先生。

谢谢你，我的太太。

对不起，我的太太。

请原谅我，我的太太。

我爱你，我的太太。"

练习结束之后，夫妻双方可以交流一下彼此的感受。比如身体是否心跳加快，手心出汗等；情绪是否变得轻松，或者有些害羞，甚至难过。每个人的感受敏感度都有所差别，只要去感受交流即可，没有对错好坏之分。

再来看一个人做的流程。

把你配偶的名字写在一张空白的 A4 纸上。

把纸放在你正前方的地面上，你看到的是反向的名字，也就是说，想象着配偶本人站在这张纸上。当配偶低头看到纸时，看到的是自己的名字。

接下来，说的内容跟上面的一样。

说完之后，你要去感受自己的身体，感受自己的情绪，也觉察自己的想法。

即使是你自己一个人完成这个练习，你也会有收获。因为，通

过这个练习,你已经看清了事实与期待的区别。在两个人的亲密关系中,一方改变了,另一方很可能也会改变。

所以,请认真做这个练习吧!

案例21　孩子曾经溺水,有恐惧,怎么办?

曾经有一个朋友,跟我分享她的个人经历。

她带着一对龙凤胎,她姐姐的孩子,也就是她的外甥和外甥女,在巴厘岛的海边游泳。下午,海水慢慢涨潮了。他们一开始还没有发现什么异样,但很快他们发现距离岸边越来越远。这时候,我这个朋友突然紧张起来,立刻让两个小朋友往回游。可是孩子们的力气不够，怎么游都好像没有办法靠近岸边。

在这个危急的时刻，我这位朋友一手拽着妹妹，让哥哥抱着她的一条腿，就这样费了好大的力气，终于慢慢接近岸边。

他们三个人用力招手，向在岸边的亲人们寻求帮助。可是他们根本不理解，还以为是在跟他们打招呼。看到家人们没有任何反应，我这个朋友对孩子们说：我们一定要游回去。而她心中还有一个信念，她不能让自己的外甥和外甥女葬身大海，她不要做家里的罪人。她就继续用之前的方法，用一只手一条腿，带着两个孩子，奋力划水。孩子们也拼尽了全力配合。

终于回到岸上后，两个孩子大声痛哭起来，还不停地呕吐，因为喝了很多苦涩的海水，也因为受到了惊吓。

这时候，岸上的家人才知道问题的严重性，想要立刻把孩子们抱回酒店休息。

可是，我这个朋友坚决反对。她说：如果你们现在把孩子抱回酒店，他们会一辈子怕水，一辈子不敢游泳，一辈子记得这个生死时刻。

家人们说：那该怎么办？

我的朋友说：去给我找两个矿泉水瓶。

我这位朋友就带着两个矿泉水瓶来到两个孩子身边，跟他们讲如何让瓶子浮起来，开始做物理学中的浮力实验。

两个孩子慢慢走进海水，让海水没过膝盖。孩子们慢慢把矿泉水倒掉，一个空瓶子完全浮在了水面上。

之后再灌一点点海水，瓶子还可以浮在水面上。

再加一点海水，还可以浮在水面上。

直到灌了更多的海水之后，瓶子才慢慢下沉。

做了这个动作之后，我的朋友对孩子们说：你们刚才喝的海水，并不会让你们沉下去，只有喝了很多之后，才会沉下去。你们下次在海里游泳时一直换气,保持有足够的气,就可以自由地浮在水面上了,就像这个矿泉水瓶子一样,进一点点海水是完全没问题的。

两个孩子虽然都不到十岁,但是这个简单的小实验让他们立刻对水不再恐惧,也对喝了几口海水的经历有了新的认识。

之后,两个孩子又在海边玩了起来,完全没有把这件事当回事,玩了两个多小时之后,才跟家人回酒店吃饭。第二天,孩子们又来到海边玩耍。

听了我这个朋友的诉说,我为她竖起了大拇指! 真的太会化解危机了。当然,我这位朋友也学习了很多年的心理课程,不断自我成长。

这个案例对我有很大的触动。

很多人都有对水的恐惧。有些人可能对昆虫、对蛇、对封闭的环境也有恐惧。而这些恐惧都是因为头脑对当时的记忆做了扭曲、抽象,把事实重新加工了,变成了自己新的记忆。事实可能并不像记忆中的那样。

曾经有一天傍晚,天刚刚黑下来,我和另一位朋友走在路上,正有说有笑,我这个朋友突然"哎呀"大叫一声,跳了起来,还大声喊:"天哪,这么大的蜘蛛!"我说:"在哪里?"我用手机的手电筒模式照亮了路上的这个黑影。哪里是什么大蜘蛛,原来是从路边海鲜烧烤店逃出来的一只大闸蟹。

从此,我们跟这个朋友聊天就多了一个梗,吃螃蟹不说吃螃蟹,而说吃蜘蛛。

这就是我们的大脑,它会凭借一点信息就急于概括归纳,得出结论,并立刻采取行动。这在某些时刻是可行的。但在现代社会中,大多数时候我们都生活在安全性很高的环境下,这样的迅速概括,采取行动,有时候会让我们得出错误的结论。

练习25 改变恐惧的画面和人

在刚才的案例中，我的朋友是用矿泉水瓶模拟人的身体，讲解了什么时候可以浮在水面，什么时候会沉入水底，就是把事实呈现在孩子面前。而另一个把螃蟹看成大蜘蛛的朋友，是借一束光赶走了黑暗，看清了真实的螃蟹。

所以，接下来的这个练习，需要你回想你曾经恐惧的画面。

这个练习可以有几种方式进行。现在我先讲第一个：改变画面。

请你大致画出让你恐惧的画面。

然后用剪刀把这幅画剪成小片。比如，按照九宫格的方式，剪成九小张纸。

再把这九张纸片，打乱顺序，重新排列。比如，曾经是左上角的那一片，放在正中间。曾经在右下角的纸片放在中间正上方。当你重新拼了九宫格之后，再看着这幅新的作品，看看你有没有变得轻松一些？

也许，你的记忆中有一些让你恐惧的人。你也可以用上面的方式，把这个人画出来，用九宫格重新排列。

对于让你恐惧的人，还有另一种有趣的方式，就是让这个人变得幽默起来。

具体操作是这样的：

画出让你恐惧的人，给他/她配上蜡笔小新的声音，或者配上兔女郎的制服，还可以想象从他/她的衣领放进去一只活的老鼠。放活老鼠的办法是《黑天鹅》这本畅销书的作者纳西姆·尼古拉斯·塔勒布(Nassim Nicholas Taleb)在书里多次提到的方法。

不论你用哪种方法，或者自创更有趣和搞笑的方式，让这个人的声音变得更卡通，或者样子变得更反差萌。当你做过这样的调整之后,再去体会一下,这个人还会让你那么恐惧吗? 也许恐惧的分数就会下降了。

接下来的 8 个练习,我要跟你分享的不是疗愈或解决问题的方法,而是一些我平时经常采用的方法。在持续重复这些方法的过程中,我的心态变得越来越平和喜悦。所以,也分享给有缘的你。

首先是关于静心和冥想的练习。也有人把它叫作正念练习,英文是 mindfulness 或 meditation。不论叫什么名字,这个练习的目的就是让你跟自己在一起,静静地观察自己的内在。越向内看,越看清自己。

因为这个世界上最难的事情只有两件:认识他人,认识自己。我通过跟陌生人的将近 5 000 次对视,也越来越知道如何认识他人。而通过一次次自我修炼的练习,也在不断深入地认识自己。

练习 26　内在清理的音频

在我最初做冥想练习的时候,我没办法集中自己的注意力。所以,我就会选择引导性的音频。这里特别给你推荐两个我认为能让我内心喜悦、平静的音频。

一个是女性的声音,另一个是男性的声音。

第一个是张德芬女士朗读的《黄庭禅坐》,可以在喜马拉雅上找到。

另一个男士的音频,我不知道名字,也不知道朗读者是谁,但是一听到开头的几个字,我就被深深吸引了。

关注微信公众号"一分钟面对面识人",点击"书中音频"即可收听。

两个音频都是 30 分钟左右。

所以，你可以每天在固定的时间段做这个练习，比如午饭后，或者睡觉前。当然如果你在早上有时间，用这样的音频开启新的一天，也是很棒的决定。

这个练习的目的是给自己清零，做减法。我还有一个给自己清零的方法，就是每日 30 分钟的行禅。

❀ 练习 27　每日 30 分钟行禅

也许你之前听过"行禅"这个词。行禅其实是一种自我调节的方法。

为什么我要介绍行禅呢？

原因主要有两个：

第一，我自己因为行禅受益良多，不仅身体健康状况有所改善，还提升了专注力和创造力。

第二，当我很累或者很烦躁的时候，通过短时间的冥想和行禅，我的心情更容易平复，能快速恢复到一个较好的状态。

行禅，其实全称是"行步禅"，就是通过行走的方式来进行冥想，是比较适合初学者的冥想方法。因为如果是打坐，盘腿坐在垫子上的冥想，很多初学者会因为腿疼而无法坚持。但是在行禅的过程中，你是一直在走动的，你不是一直保持一个动作不动，所以特别适合腿疼坐不住或者坐了几分钟就思绪乱飞的初学者们。

当你开始尝试每天 15 分钟的行禅，坚持 30 天，我相信你的身体会自动调节到更加健康的状态，你的专注度和创造力也会有所提升。就好像开启了一个自动吸尘器，清理你身体的垃圾，清理你情绪的垃圾。

2014 年，我开始接触冥想。在接触新事物时，我通常会问两个问题：

第一，这个东西对我有什么用？

第二，我如何快速学会？

关于第一个问题，我个人的答案是：冥想对我是有用的。冥想的过程，是一个自我对话、自我发现的过程。在刚开始接触冥想的时候，我有很多身体的觉察。比如，我最开始冥想的时候，每天15分钟。在连续30天冥想15分钟之后，我只要一呼一吸，我的胸椎就会"咔"响一下。我也因此发现我平时的坐姿不规范。而且一般响了一下后，我后续的冥想就很放松。因为得到了有效的舒缓，我这一整天工作效率都很高。

还有一次，我在晚饭后冥想，结果就发现胃里感觉烧烧的，很不舒服。原来，晚饭我吃了重口味的、很辣的火锅。我觉察到我的胃是有负担的。我的嘴巴可能解了馋，但这并不利于我的健康。之后，我就调整了饮食习惯，尽量以清淡为主。

当我有了更多的身体感受后，我就更加坚持每日15分钟的冥想。在冥想的过程中，我能更进一步觉察我的身体状况，让我更加爱惜自己的身体。

关于第二个问题，我如何快速学会？

我阅读了关于冥想的书，包括卡巴金等人的著作，也下载了一些知名的冥想App（其中，我觉得最好的就是在前文分享过的"Calm 静静"），后来，还跟老师学习冥想技巧。不论有多少冥想的技术，回归到最基本的就是四个字：关注呼吸。

具体而言是两句话：

第一句，在吸气的时候，关注你的鼻尖。

第二句，在呼气的时候，还是关注你的鼻尖。

如果你没办法一直关注你的鼻尖，怎么办？没关系，当你意识到自己没有在关注鼻尖了，就回到鼻尖继续关注。

冥想的过程，没有好坏对错之分，你只要每天坚持15分钟就好。

但是，前面我也提到了，盘腿坐的坐禅，盘坐时间长了通常会很疼痛，所以才有了"行禅"这类适合初学者进行练习的动作。

那么行禅具体该如何做呢？

行禅的步骤只有两点：

第一，吸气抬脚，呼气落脚。能多慢，就多慢。

第二，全程闭着眼睛。

要注意，如果你闭着眼睛就没办法平衡，你可以有两种方式调整：你可以闭着眼睛，原地抬脚和落脚，不往前走；或者你先睁开眼睛行走，等你能保持平衡了，再尝试闭着眼睛走。另外还有一个注意点，你的两条腿的膝盖都要略微弯曲，不能像一根棍子一样直直的。

"行禅"是"走路版的冥想"，比坐禅轻松，也没有腿部的疼痛，但依然是非常有用的。

我记得只做了 18 天行禅，还不是连续每天做，是断断续续 1 个月内做了 18 次，每次 30 分钟到 1 小时，我的脚气就好了。这是我行禅中的第一个发现，而且是让我特别惊喜的发现，因为我的脚气是多年来一会儿好一会儿又犯的老毛病。而且，我有一天洗脚，发现脚底因为多年脚气留下的老茧也完全不见了。自从我发现行禅对我治脚气有帮助后，我就更有动力每天行禅了，而且期待会有更奇妙的事发生在我身上。

你还别说，真的有第二个、第三个小美好。

第二个发现，我坚持每天 1 个小时行禅，下午工作的时候，精神更集中了。以前每次吃过午饭，我都特别困。如果不午休，下午 3 点之前，我基本没办法专心工作。但是又觉得午休浪费时间。所以每天吃过午饭就在纠结要不要午休中度过。可是自从学习了行禅，我吃过午饭，稍微休息一下，就会去找个办公室或者户外安静的地方行禅一小时。回来之后，不仅精神更加集中，而且还起到了锻炼身体的效果。

第三个发现，行禅让我拥有了更多灵感。在我准备喜马拉雅音频课程《Anne 老师教你一分钟识人》的时候，我有的时候真的没有思路。虽然我已经写完了 10 万字的书并且出版了，但是音频内容和图书内容是不一样的：书的读者主要通过视觉阅读，而喜马拉雅平台的小伙伴们是用听觉跟我交流的。虽然内容都是一分钟识人，可是媒介变了，传递的内容也要随之调整。所以这其实是一轮新的创作。

不知道你会不会也有类似的经历和感受：有时候坐在电脑前，明明想写点什么，大脑却一片空白。所以，在这种情况出现之后，我就用两个方法调节。

第一，看书。随便拿一本书过来仔细阅读。可能书里的某一句话就会给我灵感。可以说，这是一个"外求"的方法，就是从外界找资源。

第二，就是行禅。当我行禅的时候，我就关注自己的身体，尽量不去思考。结果，在我行禅的过程中，就会有很多特别棒的灵感，跟泉水一样往外涌。甚至连表达的语言文字，都像整理好一样蹦出来。等我行禅结束，我就立刻回到电脑前，把这些思路记录下来。所以，行禅，就是"内求"，动用我自己身体内的智慧，去发现，去创造。

再重复一遍这个作业。在室内或者户外，每天行禅 15～30 分钟，把注意力放在鼻尖的呼吸上。吸气，同时抬腿；呼气，同时落脚。如果可以保持平衡，可以尝试闭上双眼，更多地去感知身体。

通过每天的行禅，对自己的身体、心理做一次全面的清理，最终可以提升你的直觉力。

在清理内在的练习结束之后，我还会给自己赋能，做加法。下面是我给自己赋能的几个方法。

练习28　你不行 vs. 你一定行

多年以前，我曾经参加过一个工作坊。当时有上百人参与。十个人围成一圈站着。然后选出一个人站在中间。中间的人说："我想要做……"但是周围的人异口同声地说"你不行"。中间的人继续说第二个期待："我想要……"周围的人继续说"你不行"。我亲眼看见我们组的一个女孩子，第三句就说不下去了，眼泪就流了下来。

我还听到别的组的伙伴，特别大声地喊叫"我想要"。结果，周围的人回应更大声的"你不行"。

在中间的人，很少能够平静地说完十句"我想要"的话。

一些人沉默了。

还有些人终止了，甚至想要逃回外圈的人群。

还有些人是哭着、喊着，甚至蹲了下来边哭边说，最终完成了十句话。

十个人，每个人都站在圆圈中心体验了一次被当众评价"你不行"。

之后，第二轮。

一个人站在圆圈中间还是说同样的话"我想要"，说十个自己想要的内容。而每说完一句，周围大圈的人异口同声地说"你一定行"。

我看到中间的人脸上露出了笑容。我听到他们说话的语气更加坚定。我还看到有些人把手握成拳头，跟着大家一起说"我一定行"。

有一些小组，在结束十句话之后，给中间的人报以热烈的掌声。有的人绕圈一周，跟每个伙伴击掌鼓劲。还有的小组，在每个人结束的时候，十个人都紧紧拥抱在了一起。当然，还有些人又哭了。但这次的泪水是感动的泪水,是喜悦的泪水。

我作为参与者,感受也很强烈。

就是这么简单的一个练习,这么多年来,我一直记得。是的,当别人都说你不行时,你真的很难发挥你的优势和潜能。而当大家都在鼓励你的时候,你真的会有超强表现。

再请你看一个日本小学生的十级跳箱子视频,感受赞美鼓励使人成功的法则吧!(关注微信公众号"一分钟面对面识人",点击"书中视频"即可观看。)

表现=潜能-阻力

阻力越大,我们的表现就越糟糕。而我们听到的很多"你不行"的声音,最初都来自我们的父母。

所以,我想请你做一次这个练习。找一个朋友,或者可能的话多一些人一起来完成这个练习。但是,如果你希望自己完成这个练习,也是可以的。

你可以自己录音。然后选择循环播放模式。

第一轮的时候,你说十次自己想要的,循环播放你录音的"你不行"。

第二轮的时候,你说十次自己想要的,循环播放你录音的"你一定行"。

你一定可以完成这个作业的!你一定行!

那么,我是如何给自己赋能的呢?

我会结合刚才提到的公式:表现=潜能-阻力,进行自我提问和对话。

我会问自己:如果没有了目前的这个问题,没有了这个阻力,我会活出什么样的状态?我的生活会是什么样的景象?

带着这个问题,我就开始想象美好的画面和幸福的状态。然后带着这个画面和这种状态的身体感受,再次回看目前的这个问题或者阻力。很多时候，当我这样做的时候，问题就不再是问题了。

因为，问题本身不是问题，你看待问题的态度才是问题。

你小，问题就大。

你大，问题就小。

所以，请跳出问题的狭窄框框，让自己来到一个新的高度、新的角度，重新看待问题。因为，只有遇到了问题，遇到了阻力，你才会有机会发挥你的潜能，进步成长。

你一定行！

练习 29　你写过 100 个梦想吗？你的孩子写过 100 个梦想吗？

你知道吗，如果我在 2016 年的 3 月 25 日晚上 8 点，没有开始写下我的 100 个梦想，你是不会看到这本书的。

正因为我在那天写下了我的 100 个梦想，并且在第二天 3 月 26 日写完了 100 个行动计划，我的生命轨迹就改变了。而且，是我喜欢的、充满喜悦也充满挑战的全新轨道。

这个方法，是我的教练技术老师 Paul 博士在课程中跟学员们分享的。我帮他翻译了 3 次课程，同样的话，我也重复了 3 次。每一次，他在介绍"100 个梦想和 100 个行动计划"的时候，不仅会说这个小练习如何改变了他的生命轨迹，还会讲他十几岁的女儿如何使用这个练习。

Paul 博士说，她的女儿每半年就重新写一遍 100 个梦想，重新寻找 100 个行动计划。不断用自己的梦想和行动引领自己。十几岁的少女，在老师和同学的眼中，已然是一个非常成熟的人了。

每当 Paul 博士分享他女儿的这段经历时，他满脸都是自豪和骄傲。他还调侃自己，说自己的梦想都是特别物质的，什么房子、车子之类的。而他女儿的梦想都很高尚，都是环境保护、世界和平之类的。

　　100 个梦想和 100 个行动计划,这个作业不会花费你太久时间。我只花了 4 个小时就写完了 100 个梦想,又花了 2 个半小时完成了 100 个行动计划。

　　如果你也想自我改变,或者希望自己的孩子改变,那就去完成这个作业吧!

　　具体怎么做呢?

　　找一个本子,写下 100 个梦想,不论有多狂野。但这里说的梦想可不是睡着之后做的梦。梦想是你期待未来自己成为的样子。

　　你可以按照这样的句式,写 100 句话。

　　"我想要……"

　　写完 100 个之后,就立刻从这 100 个中选出一个梦想。(注意:一定要立刻选,不要中断去做别的事情。因为有 2 个小伙伴写完 100 个梦想后准备第二天选,结果半年之后他们跟我说,第二天在几个梦想中纠结,就没有写 100 个行动计划。这多可惜啊!)

　　接下来,根据这个梦想,写下 100 个行动计划。

　　你可以用这样的句式,写 100 句话。

　　"为了实现……这个梦想,我决定做……"

　　写完 100 句之后,从其中再选出一个。

　　最后,保留选出的一个梦想和一个行动计划,并且在 24 小时之内开始这个行动。

　　就是这么简单,对不对?

　　可是,我跟一些朋友分享之后,有些人立刻完成并付诸实施,有些人没写几个梦想就放弃了。也许,他们并不确信自己有能力改变现状;也许他们目前还不想改变;也许害怕一旦改变,局面无法控制。

　　对于未知,人们都会恐惧。

Paul 博士在课程中问了学员一个问题：世界上有一个地方蕴藏着人类无限的潜能，你们猜猜是哪里？

　　有学生回答"大海"，有人说是"森林"，还有人说"人的大脑"。

　　答案是：坟墓。人们把无限的潜能都带进了自己的坟墓。

　　听到这样的回答，每个同学都若有所思。

　　是的，你有无限的潜能，你的孩子也有无限的潜能。让潜能多发挥一些出来吧！也许 100 个梦想和 100 个行动计划，就可以帮助你发掘你的潜能！

　　你可以看一下我的 TEDx 演讲，我在 2017 年 11 月专门分享了 100 个梦想和 100 个行动计划给我带来的改变。10 分钟的视频，也许对你会有帮助和启发。视频配有英文字幕，也可以发给你的外国朋友哦！（关注微信公众号"一分钟面对面识人"，点击"我的 TEDx"即可观看。）

　　这个练习超级厉害，一下子就打通了我的"任督二脉"，帮助我做回我自己。真的建议你做一下！

❀ 练习30　庆祝的仪式

　　这本书即将进入尾声。一共 33 个小练习，你马上就要完成了。在这里，你可以想一想，当我读完这本书，或者完成了其中的几个练习，甚至是全部的练习，我会给自己一份什么样的礼物作为奖励呢？

　　奖励自己，是一个很棒的仪式。这样的行为，会让你的内在、让你的潜意识发挥更大的作用。仪式感本身会带来强大的力量，内容与形式都很重要。

　　我有一些咨询的客户，他们从来没有给过自己奖励。在我提出给自己奖励的时候，有些人完全不知道自己要什么。

　　这个时候，我就会引导他们。

奖励自己,可以是物质奖励,也可以是精神奖励。

如果你想给自己一份物质奖励,会买给自己什么呢?

如果你想给自己一份精神奖励,你又会做什么呢?

这时候,咨询的客户就会有一些方向。有些会选择给自己画一幅画,有些会选择唱一首歌发给家人,还有些会选择做手工。当然,还有些人会选择买衣服,买家电,去餐厅吃一顿大餐。

不论你最终选择什么样的奖励,请只有你自己参加。因为这是你给自己的奖励。如果你想邀请他人参与,请你先奖励过自己之后,再找其他时间邀请他人。

因为,奖励自己的这个时光,是自我内在整合的过程。

想象一下,当你看完这本书,完成所有练习之后,你想给自己什么奖励?

同样道理,在你的生活和工作中,每完成一件小事情,也给你自己一个奖励。就跟打游戏一样,即时满足会让你更容易接近你的大目标。

每天、每周、每个月,都可以给自己安排奖励,肯定自己完成的任务。

练习 31 去寺院禅修七天

坚持了一年的行禅后,我决定去寺院里短期禅修七天。有这个想法,也是因为行禅的推广者一行禅师。我阅读了他所有书籍的中文版,也在网上看了他的采访视频,因此就萌发了去寺院的想法。

我是一个决定之后就会立刻执行的人。

在网上,我搜了一下上海附近的内观禅修中心,最终决定去一个好评众多的寺院——天台山慈恩寺。我在 2019 年去了两次:一次是在三伏天,另一次是在三九天。因为"冬练三九,夏练三伏"。我想去体验一下，在最炎热和最寒冷的季节，我跟自己的相处是什么样子的。

在第一次禅修的时候，我是初来乍到，什么都不了解，完全带着好奇心去体验。

第一次禅修初体验，我有三个最大的收获。

第一，佛教中把催眠淋漓尽致地使用在方方面面。

人有五感：视觉、听觉、嗅觉、味觉和触觉。这五感也就是佛经里说的"眼耳鼻舌身意"中前五个方面。第一次禅修，我就体会到这五感被深深催眠。

视觉上，立刻换上禅修服。服装上的统一，是一种视觉上极大的催眠。每个人失去了个性，极大地体现了集体的共性。而一旦有人在禅修中没有穿禅修服，就会立刻引来注视的目光。

听觉上，在僧人的带领之下，共修的小伙伴们一起唱诵经文，伴随着木鱼、铃铛、鼓等发出有节奏感的声音，也是一种听觉上的极大催眠。

嗅觉上，每次点的香，这个味道也是一种催眠。

味觉上，吃的素食的味道，也是一种催眠。而且真的很好吃。七天后回家，我长胖了！

触觉上，各种敬拜动作，打坐时候的各种身体感受，手拿的课本，也是一种催眠。

这五个方面的催眠，就是让大家都进入同一种境界。

所以，在禅修的最后两天，大家在打坐的时候，都可以保持长时间的安静了。在共同行走的时候，步调也一致了。

第二，寺院的管理可以被现代企业借鉴和学习。

在决定前往这个寺院禅修之前，我先关注了它的微信公众号。结果我看到微信公众号的维护做得非常棒！对于禅修新手来说，任何一个问题都可以在微信公众号的文章里面得到答案，并且界面也非常友好。这样的结果呈现，一定是有非常好的逻辑思维能力，并且也有设计思维的人，才能做出来的。这一点，大大点赞！对外介绍工作做得非常好。

另外，看到义工每天的服务工作，不仅涉及吃用住行，还有寺院建筑的建设工作，出版书籍的校对编辑，等等，这些我看到的方面，也都做得井井有条。这一点，更要大大点赞！日常运营做得非常好。

所以，我对寺院的管理、条规、法则、奖惩都更加有兴趣。

如何借助五种体感实现思想统一，并且最大程度地激发人性的善意，在这个过程中把人组织起来，发挥出巨大的能量，这是我禅修第二点很大的收获。

第三，禅修七天彻底缓解了我五年来的背部疼痛。

这一点收获真的让我非常惊讶。在平均每天四小时的打坐过程中，从腿麻的痛苦，期待时间快速流逝，到身体不停晃动缓解痛苦，再到听到脊柱卡卡作响，呼吸变得顺畅，一直到第三天傍晚打坐时突然感受到身体右侧的膀胱经变得柔软了。

其中有一位师父说："当我们的心变得柔软了，我们的身体自然也就柔软了。"

我在曾经参加过的一个花精课程中，摸过花精老师的手腕，这位将近 60 岁的老师的手腕比我的还要柔软和放松。

反之，当我们的身体变得柔软了，心也会变得柔软。

除了这三点最大的收获外，我还改变了之前很多的误解。

（1）以前没看过经书的我，想当然地认为经书一定很难懂。结果，这次在禅修中读的几部经书，原来跟我们的日常生活都息息相关，并且通俗易懂。

（2）对于跪拜礼佛，以前觉得这种行为，我是不会去做的。可是这次跟着大家一起跪拜，我发现竟然是打开身体经络的好方法。

一次次的跪拜，就是在拉伸身体。

我就想，僧人们每天打坐跪拜，这个经络拉伸的活动量真的是超级大呢！跪拜的动作跟瑜伽体式也有相似之处。还是那句话，结构决定功能。人体结构就是这样的，要提升身体状态，很多强身健体的方式真的都是很类似的。只要找到一个方式持续去做，一定会有明显的效果。

2019 年 8 月结束了第一次禅修，我就期待第二次前往。

到了 12 月，我参加了第二次禅修。也许是因为天气寒冷的缘故，这次参加的人数少了很多。夏天的同修人数接近 80 人，而冬天的同修只有 40 人左右，没过几天就有很多人陆续离开。但是，第二次禅修我依然有很大的收获。

在冬天的这次禅修中，其中一天是冬至节气。冬至是一年中白天最短、黑夜最长的一天。冬至过后，黑夜就变短而白天变长。我也期待在这样一个交替的节点，让自己静一静，总结 2019 年，计划 2020 年。

带着这样简单的年终总结的愿望，我又前往了天台山的慈恩寺。

每天早上 3:30 起床，4:00 开始早课，之后会有接近 1 小时的打坐冥想。结束之后，7:00 开始吃早饭。一天下来，到 20:00 结束。21:30 就寝。

这样的作息是适应大自然规律的，可是平时我真的做不到。只能在寺院这样的环境里，去实现调整作息的目标。而从寺院回到家中，这样的作息也最多保持 1 个月。所以环境对一个人的影响，真的非常大。

在第二次禅修的过程中，我试图用观想的方式去做内在整理。也就是通过专注到鼻尖的一点，让自己不断提升专注力。在这个安静的瞬间，我跟我的父母再一次链接。我也不知道为什么这一次禅修有很多关于父母的记忆跳了出来。也许从逻辑上分析，是因为我要写一本关于亲子对视的书。很多记忆的片段，一个接一个地像电影画面一样浮现，还有一些记忆仿佛定格的照片，一张接一张地出现。

中午有 2 个小时的饭后休息。我就走出寺院的大门，去看麦地、菜园、大棚、竹林、江水、远山。我看到了山羊一家五口在吃草，我听到了一群麻雀在交流，我闻到了柴火烧着了的味道和雨后空气中青草的味道。

不知何故，我从来没有像当时那么热爱土地。我看到土地上可以长出这么多各种各样的植物，有各种小动物，还有人们建造的房屋、大桥、工具和机器设备。而同时，我也看到农村经常能看到的坟地和斑驳的墓碑。换做以前的我，一定会害怕得立刻跑开。而这次看着这些墓碑，我平静了许多。虽然我还是有些恐惧，但是理智的声音更加强大：死亡是生命的一种形式。死亡并不是生命的终点，死亡是另一个生命的起点。

在下午，我们又继续进行新一轮的盘腿打坐，大约 1 小时。

这次，在关注呼吸的过程，我的眼前出现了一些画面。我仿佛看到自己躺在了土里，看到我周围长出了小草、树木。它们越长越高，为我遮挡阳光和雨水。整个过程，我都非常平静，仿佛是死亡一般得到了安息。

而在这份平静的感受中，我突然听到自己内在有一个声音，说：给父母行跪拜礼。

这个声音让我内心一震。

我长到这么大，只有在小时候过年时给爷爷奶奶磕过头，领压岁钱。老人们去世之后，家人们去墓地祭拜，才会行跪拜礼。我从来没有给父母磕过头。我心想，我要在父母还活着的时候对他们说"我爱你"，在他们还健在的时候给他们磕头感谢养育之恩，而不要等到他们离去才做这些。

当我想到这些的时候，止不住地流眼泪。泪水一滴一滴顺着脸颊流下来，整个禅修服的前襟都湿透了。幸亏在打坐的时候，禅堂内所有的灯都关掉了，只有三支香和两支蜡烛发出微弱的光。没有人会看到我流泪的样子。其实，我也不介意他人看到我流泪不止的样子，反正没有人认识我。并且，在寺院是建议止语的（当然大多数人还是会说话），我也可以保持沉默。

第二次七天的禅修很快结束了，我并没有像我期待的那样，有什么实质性的年终总结和新年展望，我只听到了一个强烈的声音：给父母磕头。

❀ 练习32　给父母的跪拜

很快，到了2020年的新年。

而2020年1月23日，农历的十二月二十九日，我才坐上动车回到西安的老家。火车票真的太不好买了。那天刚好是武汉封城的日子。全国各地的警惕性才逐渐增强。

大年三十一早，我就跟家里的亲人自驾去扫墓。给爷爷奶奶、姥爷姥姥都行了跪拜礼。结束回家后，家人们也都各自在家隔离，云拜年。

而我在吃年夜饭之前，一直暗暗提醒自己，当新年钟声敲响的时候，给我的爸爸妈妈下跪。我甚至还有点担心自己会忍不住大哭，或者爸爸妈妈会哭。

钟声敲响了。

"爸爸妈妈，新年快乐！我给你们行跪拜礼了。"

说着，我就跪了下来。

爸爸和妈妈看到我突然这样，完全没有心理准备。

他们一起说："别这样，快起来吧，快起来。"说着，爸爸就要伸手把我拉起来。

我没有起来,跪着给他们磕了三个头。我的动作可能很不标准,也可能因为内心很紧张,情绪有起伏,我担心自己会哭出来,所以磕头磕得非常快。

当我抬起头的时候,我看到妈妈眼圈红了。但是他们都没有哭。

也有可能,他们趁我磕头的时候,偷偷抹去了眼泪。

当我起身的时候,很神奇,我的身体轻松了些。

也许是因为我完成了一个心愿。

也许是我开启了跟父母的深层链接。

也许还有其他我说不清的原因。

也许是因为这一次的新年跪拜礼,在 2020 年春节因疫情居家隔离的 2 个月中,我和父母的关系反而越来越好。

在假期,我还绘制了三代家谱,了解了爷爷奶奶的生平,姥姥姥爷的过往。

这份从禅修而来的礼物,真的是无价之宝。

不论你是谁,有多忙,也请你花一周的时间,跟你自己待一会儿。也许不是去寺院,毕竟每个人信仰不同。你可以去其他地方,只与自己在一起。不说话,不看手机。当你做内在的清理时,你会发现宝藏!

当然,我非常建议你,给你的父母磕头跪拜。

❀ 练习33　跟父母进行一分钟对视

虽然我已经完成了近 5000 人的一分钟对视,并且还写完了一本书,但是我一直都没有跟我的父母进行一分钟对视。

我到底想不想跟我的父母对视呢? 当然想。

之前我也跟他们提过两次,都被他们一口拒绝:"不用不用,你跟别人对视就行了。"

2020年春节期间，因为隔离在家的这两个月，我主要是用来看书和写这本书。当我写到3万多字的时候，我内心就有一个强烈的声音：我要跟我的父母对视，我要通过观察我的原生家庭再一次验证我发现的对视理论。

该怎么跟父母做思想工作呢？

想了一个晚上，绝招来了。

第一个绝招：跟我妈妈讲道理。

我跟我妈妈说："妈妈，我这第二本书是写原生家庭的，我要有亲身经历，这样真实的感受才会打动读者，才会大卖，才会挣到稿费。所以，你和爸爸和我对视，是对我事业的莫大支持和帮助，而且只需要一分钟。等下吃好午饭，光线也好，咱们就对视吧。"

妈妈想了想，说："那好吧。"

第二个绝招：跟爸爸撒娇。

"爸爸，你跟我对视一下嘛，就一分钟，很快的。我写书需要有亲身经历。爸爸，你帮我个忙吧。就这么说定了。你坐这里哈！"

爸爸说："哎，快点快点，就一分钟啊！"

跟我父母的对视，让我有点出乎意料，又在情理之中。

爸爸先跟我对视。爸爸很淡定。但是他的眼珠抖动竟然是完美型，还有少量的平和型特质！而我一直以为爸爸是权力型。

妈妈之后跟我对视。最开始妈妈是带着微笑准备开始对视的。可是计时刚开始，妈妈瞬间开始掉眼泪了。她立刻走开，去拿纸巾，还说"我没准备好，重新来"。第二次重新开始对视。我能清晰地看到，妈妈是眼珠完全不抖动的权力型。但是，她的眼神中流露出很多悲伤，而这个悲伤跟姥爷的去世有很多联系。我记得在姥爷遗体火化时，妈妈在殡仪馆哭昏了过去。十几年过去了，妈妈的悲伤还在心里。

　　我就这样默默地看着妈妈,感受着她的悲伤,也感受着作为权力型的坚强。我在心里不断地重复:"妈妈,我看到你了。妈妈,我看到你了。妈妈,我看到你了。"

　　我看到妈妈的眼圈红了,但是她没有流泪。也许她在忍着,不让自己掉眼泪。也许,她也在努力地想要仔细看看我。

　　对视,就这样结束了。

　　两分钟真的很快。

　　但是,这次跟父母的对视,对我而言是一个重要的仪式。就像在年三十钟声敲响时的下跪一样,对视也有着重大的意义。

　　我从爸爸的眼中,看到了他的父母。

　　我从妈妈的眼中,看到了她的父母。

　　我通过看着父母的眼睛,看到了我的祖先,跟我的祖先深深地链接了! 我回归到了我在家族、在家庭中的序位。

　　写到这里,泪水止不住地流下来。

　　可是在我跟父母对视的时候,我并没有落泪。不知道为何在写作的这个瞬间,我却这样感动。

　　跟你的父母做一次对视吧! 也许你并不能看出他们是什么性格,有什么情绪压力,但是,只要看着他们,就够了。这也是我给你的最后一个练习。

　　也许这个练习,对于有些人来说,很有挑战。

　　也许这个练习,对于有些人来说,已经是个奢望。

　　那么,就在梦里跟你的父母见一面吧!

附　录

附录一　亲子测评答案

孩子做的测评结果：

0～9分

危险的红灯

点评：亲爱的宝贝，你好！看得出来，其实你对爸爸妈妈有一些需求一直没有得到满足。也许你希望他们能给你更多的肯定，或者希望他们能和睦相处，或者给你无条件的爱。其实很多时候，当父母听到孩子的真实心声后，就会发生改变。我们建议你与父母交流自己的真实感受。如果你不愿意与父母交流，也可以跟你的朋友沟通，或者和老师交流你的真实感受。当然，这本书中的练习，你也可以尝试去做，也许也会帮助你。

另外，我还建议你学习关于"原生家庭"这个话题的内容。比如，参加课程，阅读书籍，或者咨询心理专业的老师。通过学习，也许你会更了解父母现在状态的原因。加油！我们爱你！

10～16分

紧张的黄灯

点评：亲爱的宝贝，你好！看得出来，你和父母的关系目前在一个维持的阶段。也许你在家会感到不够放松和自由，也许你希望能更靠近父母却没有机会。在你的内心，你其实很渴望他们的亲密与爱。我们建议你告诉父母你的真实心声，你还可以通过其他亲朋好友帮你转达，甚至可以给父母写信。我们同样建议你的父母开始学习关于两性关系和亲子的课程，你可以告诉他们你的愿望。加油！我们爱你！

17～20分

健康的绿灯

点评：亲爱的宝贝，恭喜你！目前看起来，你和父母的关系整体良好。你的父母真的很出色。如果你对他们还有什么期待和要求，你可以直接与他们分享，相信他们会坦然接受。我们祝福你未来的人生，永远喜乐、幸福！

家长做的测评结果：

10～21分

你的问题很严重。也许你的孩子还小，你没觉得你跟孩子实际上是互不理解的。你把主要精力放在孩子的吃穿生活上，建议学一学各个年龄段儿童及青少年心理特点的知识。

22～35分

你希望不要做得过火，实际上也这样做了。孩子能够相信你。总的来说，你跟孩子的关系还不错，但你不是一贯这样要求自己。也许是太忙了，也许是心情不好会影响你做事，但你别忘了，如果你现在不走进孩子的内心，牢牢地占领这块阵地，那么也许别人就会去占领的。到那个时候，你就很难再次走进孩子的内心了。

36～50分

你的耐心应受到赞扬。你注重同孩子交流感情，尊重他们的个性。你与孩子相处时通情达理，有分有寸。理解是相互的。孩子会尊重你的看法，就像你对他那样。

（该测评来自网络，百度搜索。）

附录二① 4P 测评

请选择最适合自己的答案：

No 序号	Questions 问题	1 甲	2 乙	3 丙	4 丁
1	I love... 我喜欢……	to take the lead 做领头的	to try new things 尝试新事情	to help out others 帮助别人	to do things correctly 正确地处理好事情
2	My room looks... 我的房间是……	open 开放的	messy 凌乱的	like being my own space 属于我的空间	very tidy 非常干净的
3	I believe rules should... 我认为规则应该是……	be examined 被检验的	be distasted 讨厌的	be secure 安全的	be fair 公平的
4	When with other people, I... 和别人在一起时，我……	shoulder most of the responsibility 承担大部分责任	do most of the talk 大多在说话	tend to help out people 大多在帮忙	tend to listen more 大多在聆听

① 本测评来自 Paul Jeong 博士的教练技术课程。

（续表）

No 序号	Questions 问题	1 甲	2 乙	3 丙	4 丁
5	When working, I... 做事情的时候，我……	want to finish it as soon as possible 希望赶紧完成	often procrastinate 经常等很长时间	want to work with others 希望和别人一起做	want to do it well 希望做好
6	I want to... 我想……	do/what I choose to do 做自己选择的事	become one of the playmates 成为玩伴的一员	do what makes others happy 做让别人感到快乐的事	do what I have ever heard 做我曾听到的事
7	I want to learn from 我想从……中学习	leading other people 领导他人	being an ordinary member in the team 成为团队的普通一员	being a helper 帮助别人	be the top one 成为第一
8	Usually I am... 我常常……	impatient 不耐烦	undisciplined 散漫	patient 忍耐	thinking a lot 思考
9	I am very... 我非常……	eager to win 争强好胜	talkative 啰嗦	easygoing 亲切	cautious/detailed 小心/细心
10	New things would take me 对于新事物，我……	to imagine 在脑中想象	to commit immediately 立即投入	to observe it for a while 再观察一段时间	to question it 会发问

（续表）

No 序号	Questions 问题	1 甲	2 乙	3 丙	4 丁
11	Others think of me as... 别人觉得我是……	serious 严肃的	adventurous 爱冒险的	calm 沉着的	cautious 慎重的
12	My family tells me to... 家人告诉我……	slow down 放慢速度	listen attentively 更细心聆听	seize the time 抓紧时间	try this, you will be satisfied! 试试吧！你会满意的
13	I dislike... 我讨厌……	being commanded by others 听到别人的指使	repeating the same things 重复做同样的事	the sudden changes 突发性的变化	making mistakes 失误
14	If things do not go my way, I would... 如果事情不如愿，我会……	get angry 上火	become moody 心情不好	become sad 伤心	become quiet 安静
15	What I have initiated would finish... 自己开头的事情，会在……时完成	when necessarily 必要的情况下	at times 偶尔	in recent time 近期	on time 按时

（续表）

No 序号	Questions 问题	1 甲	2 乙	3 丙	4 丁
16	I do not like when people... 我不喜欢别人……	take away things from me 从我这里抢走什么	ignore me 无视我	is impolite to me 不讲礼貌	think that I am wrong 认为我是错的
17	I am very... 我非常……	arrogant 傲慢	forgetful 容易忘记	hesitant 犹豫不决	argumentative 吵闹
18	I would voice my opinion in some situation... 对于某些事情，我会……说话	according to my mood 根据自己的心情	so as to make others laugh 为了让别人笑	so as to make others happy 为了让别人的心情好	after consideration 先思考之后
19	When I want to gain something... 当我希望得到什么的时候	I will make efforts to gain it 我会为了得到而付出	I will ask for it 我会索求	I will save to get it 我会为了得到而储蓄	I will plan to get it 我会为了得到而计划
	Total 总数				

202

To add up your scores in each grid vertically, and mark it accordingly in the following form, and draw up the four marks to make a wave, so the highest mark would tell your preference in behavior with regards to your personality.

把测评表 4 个选项下方的总数标在下表相应的数字上,然后把这些数字连成一条曲线。在表格里曲线位置最高的就是你的类型。

例如,某人分数为:D(甲)3,I (乙)7,S (丙)5,C (丁)4,则曲线如下:

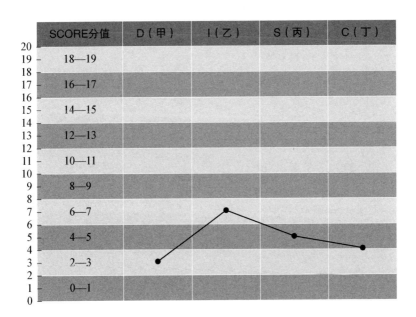

附录三　情绪词语

下面的分类参考了普拉奇克的情绪花瓣。

心理学家罗伯特·普拉奇克(Robert Plutchik)通过大量的研究后，构建了普拉奇克情绪轮模型(又称情绪花瓣)。他提出了8种基本情绪，并提出了情绪三维模型，即情绪在性质、强度、紧张度3个方面有不同的展现和变化。比如，狂喜的对立面是悲痛，而不是忧伤。因为狂喜的强度高，悲痛的强度也高，而忧伤的强度低。

1. 狂喜：喜悦、平和
2. 崇拜：信赖、接纳
3. 恐惧：害怕、不安
4. 震惊：惊讶、意外
5. 悲痛：悲伤、忧伤
6. 憎恨：厌恶、厌烦
7. 狂怒：生气、烦恼
8. 期盼：期待、等待

更多了解，请上网搜索"普拉奇克情绪理论"。

附录四　送给你两首名人的诗

当我真正开始爱自己
卓别林

当我真正开始爱自己，
我才认识到，所有的痛苦和情感的折磨，
都只是提醒我：活着，不要违背自己的本心。
今天我明白了，这叫作"真实"。

当我真正开始爱自己，
我才懂得，把自己的愿望强加于人，是多么的无礼，
就算我知道，时机并不成熟，那人也还没有做好准备，
就算那个人就是我自己。
今天我明白了，这叫作"尊重"。

当我真正开始爱自己，
我不再渴求不同的人生，
我知道任何发生在我身边的事情，
都是对我成长的邀请。
如今，我称之为"成熟"。

当我真正开始爱自己，

我才明白，我其实一直都在正确的时间，
正确的地方，发生的一切都恰如其分。
由此我得以平静。
今天我明白了，这叫作"自信"。

当我真正开始爱自己，
我不再牺牲自己的自由时间，
不再去勾画什么宏伟的明天。
今天我只做有趣和快乐的事，
做自己热爱、让心欢喜的事，
用我的方式、我的韵律。
今天我明白了，这叫作"单纯"。

当我真正开始爱自己，
我开始远离一切不健康的东西。
不论是饮食和人物，还是事情和环境，
我远离一切让我远离本真的东西。
从前我把这叫作"追求健康的自私自利"，
但今天我明白了，这是"自爱"。

当我真正开始爱自己，
我不再总想着要永远正确，不犯错误。
我今天明白了，这叫作"谦逊"。

当我真正开始爱自己，
我不再继续沉溺于过去，
也不再为明天而忧虑，

现在我只活在一切正在发生的当下，

今天，我活在此时此地，

如此日复一日。这就叫"完美"。

当我真正开始爱自己，

我明白，我的思虑让我变得贫乏和病态，

但当我唤起了心灵的力量，

理智就变成了一个重要的伙伴，

这种组合我称之为"心的智慧"。

我们无须再害怕自己和他人的分歧、矛盾和问题，

因为即使星星有时也会碰在一起，

形成新的世界，

今天我明白，这就是"生命"。

注：这是世界喜剧大师查理·卓别林（Charlie Chaplin）（1899—1977）在 70 岁生日当天写下的诗。

你的孩子

纪伯伦

你的孩子不属于你，

他们是生命的渴望，

是生命自己的儿女，

经由你生，与你相伴，

却有自己独立的轨迹。

给他们爱而不是你的意志，

孩子有自己的见地，

给他一个栖身的家，

不要把他的精神关闭，

他们的灵魂属于明日世界，

你无从闯入，

梦中寻访也将被拒。

让自己变得像个孩子，

不要让孩子成为你的复制，

昨天已经过去，

生命向前奔涌无法回头，川流不息。

你是生命之弓，

孩子是生命之矢，

幸福而谦卑地弯身吧！

把羽箭般的孩子射向远方，

送往无际的未来。

爱——是孩子的飞翔，

也是你强健沉稳的姿态。

注：这是黎巴嫩诗人卡里·纪伯伦（Kahlil Gibran）（1883—1931）的诗。

附录五　家长的反馈

1. 天天妈妈

森淼老师有一双柔情似水的眼睛，但它们却有着洞察人心的能力。这种深厚的功力不是一时半会儿可以习得的，它需要天赋、勤奋和丰富的阅历。感谢机缘，让我们身边有一位这样的老友，剥茧抽丝透过问题找到缘由，并给出具有建设性的意见！

2. 一位参与对视的妈妈

对视是为了解决一些问题，自己总觉得不舒服的问题。对视后看待问题的思路清晰了，老师教给我挺多方法去分析和解决问题。很感谢！

3. 彭晓娜

应该是一年以前吧，我在一个公众号里看到了一分钟亲子对视这个活动，正处于焦头烂额的我毫不犹豫报了名，然后添加了森淼老师的微信。

到了对视的那一天，我真的格外紧张，好像回到了小时候老师上课的感觉。看着森淼老师的眼睛，感觉暴躁的自己有点无处躲藏！

对视结束后，我一直在回想森淼老师说的话，想她分析的我和孩子的对角线性格，想她要求我每天表扬孩子的次数，想孩子跟她说的话……

心里很难受！

当然，接下来进入改变模式。可是改变是艰难的，然后我私信淼淼老师我的困扰，她又告诉我：不怕，有觉察就是进步，每一个人都不可能让自己瞬间改变。给自己时间，也给孩子时间。

我心里有一种豁然开朗的感觉，知道了接下来努力的方向。

真的非常感激淼淼老师，是她改变了我，改变了我的家，让一个暴躁的妈妈从此也能给家庭成员带来欢声笑语。真心说一声：谢谢！

PS：后来淼淼老师在微信朋友圈送画，我也厚颜索要一幅，收到后感觉十分惊艳，有一种法国田园风情的感觉。每次看到那幅画，心情就会好起来，因为能给我安宁温暖的力量，再次感激淼淼老师！

4. 一位妈妈

我和老师的结缘来自偶然的公众号文章推送，我看到了老师的"一分钟对视"能给出5层信息反馈：①性格类型；②当下的情绪压力；③原生家庭的影响；④身体的伤痛或疾病；⑤未来3~5年的发展。

当时的我处在一个心理能量极度低下的状态，夫妻关系、亲子关系都在随时会崩溃的边缘，我求救心切。在好奇、怀疑还有期待的驱使下，我毫不犹豫约了老师进行对视。不试不知道，一试吓一跳！

老师说看到我的眼睛里有嫉妒。

在后来老师的深层分析中，我看到我的嫉妒来源于对自己的身份不认同。我所生长的环境是一个重男轻女比较严重的地区，因为我是一个女孩子，我的出生被认为是一个错误，从小到大都在被与男性做比较，被忽视。于是我嫉妒所有的男人，我想证明我虽然是一个女性的身份，但是我不会比男人差！于是，骨子里我又活成了男人的样子：争强好胜，刚硬，不会撒娇，不懂得温柔！在很久以前，我不留长头发也不穿裙子，从来都是牛仔裤和 T 恤衫，美其名曰方便，实际上是我不敢承认自己的女性身份。到目前为止，我从来没有涂过口红！

这些行为的背后，都是我的不被认同，是我的需要没有被满足所呈现出来的结果。在老师的指导下，我学会了如何正确看待自己作为女性的身份，如何温柔对待自己和丈夫与孩子！我的女儿 5 岁，特别黏人，偶尔我会厌烦甚至嫌弃她的黏人。在和老师讨论这个问题的时候，老师说了一句话："陪孩子玩的时候，记得先照顾好自己的情绪，把自己照顾好了再去陪孩子。"在那一刻，我感到被深深地理解了！有一些育儿的文章，会要求父母如何接纳自己的孩子，接纳孩子的一切，包括各种歇斯底里的哭闹。但是在那个当下，自己没有能量去接住这些负面情绪的时候，却没有人告诉我们作为父母该如何先安抚自己？没有把"我"放在第一位！老师站在客观的角度提出了这个建议，让我在日后不再因为没有能量、没有时间去陪孩子而感到深深的愧疚！

在和我先生的对视中，老师通过他的身体姿态竟然解读到我先生脖子疼、后背疼，先生惊呼太神奇了！甚至用"恐怖"来形容老师的"读心术"。在老师的分析下，先生知道了为什么自己会脖子疼、后背疼，因为他背负了很多不属于他的压力，来自父母的、手足的和我给他的压力！他也是一个被原生家庭深深伤害的人，对父母无意识地讨好，把和父母相处的关系模式带入和其他人的相处模式中。他害怕失去关系，往往不懂得拒绝。他甚至主动讨好他人。但是这些都是"你应该或者不应该——来自他人的声音"，而不是"我想要或者我不想要——自己内心的声音"，于是一边讨好一边冲突。身体是我们最真诚的朋友，舒不舒服，身体最清楚。身体用疼痛的方式来提醒你：你的行为和思想是不是有不恰当的地方？是不是该调整了？

因为我自身的水平有限，无法用语言来描述老师的治疗水平，实在是万分遗憾！老师博学多识，在疗愈过程中不断切换方法，在每一次咨询以后，我都能够快速成长。我深深地感受到自己变得越来越有力量！

在某个无法释怀的瞬间，老师总是会恰如其分地用小故事、哲学理论让你看到客观的事实。没有任何评判，只有客观！

我们身边的每个人，多多少少都会受到原生家庭的伤害：有些伤害浅显，比如体罚；有些伤害却无法觉察，比如否定、忽视、指责、冷漠、比较等语言暴力。不管什么样的伤害，都会在我们的身体里留下深刻的记忆。即便很多年没有挨打了，每当我看到有些父母在公共场合辱骂自己的孩子，打自己的孩子，仍然会条件反射地感到愤怒，并且产生冲上去阻止的冲动。

谈论这些伤心的过往，老师的话让我轻轻地放下了我对父母的怨恨："去理解父母在当年那个年代，他们只能给你他们有的，他们给不了你他们没有的。"不管他们怎么样，他们就是我的父母！我非常喜欢老师说的"臣服"这两个字，这里的臣服不是卑躬屈膝，而是承认所有发生的存在，同时也感恩他们把我带到这个世界来，让我体验人间的各种美好与不美好！这就是真实！

沉默的观察者！耐心的倾听者！智慧的反馈者！这就是我眼中的淼淼老师！

后　记

　　第二本书,终于完工了。我曾经高估了自己,计划 4 年写完 4 本书。虽然时间比想象的推迟了很多,但是我还在前行的路上。

　　这本书写得并没有第一本书那么顺畅。一方面,写第一本书时无知者无畏,但写第二本书就谨慎了很多。另一方面,在 2020 年夏天,我一度不想写书,不想修改,把书稿放在一边,根本不想碰它。也许是到了倦怠期。9 月 1 日重新下定决心,1 个月之内完成了最后的修改。不论是否百分百满意,我决定"交卷"了。

　　这个过程中,我听到了自己内心的各种声音:希望完美地写完书稿的声音,想要自由放松的声音,期待肯定与认可的声音,避开批评与不满的声音。

　　当我越来越接纳自己的不完美,越来越听到自己内在的各种声音和期待时,我就放下了对自己的高标准、高期待。但求尽力,不求完美。

　　也许,这本书出版之后的一段时间,我就会觉得书中的一些观点偏颇、片面,甚至错误。那又有什么关系呢? 我作为作者都是不完美的,何必期待一本书的完美呢? 期待完美就是对此时此刻的不接纳。我选择接纳我的现在,我选择接纳这本书现在的样子。也许,未来我会再版这本书。到那个时候,也许我们会再见,你会从书中的文字感受到我不同的状态。

　　对于这本书，你如果有任何的批评，我也会对你报以微笑，对你说：谢谢你，谢谢你花时间阅读。不论你喜欢还是不喜欢，有收获还是没收获，我都谢谢你，感谢你阅读我的文字。

　　双手合十微笑地看着你，祝福你。

2022 年 9 月 30 日
于上海静安公园